Réd :

22

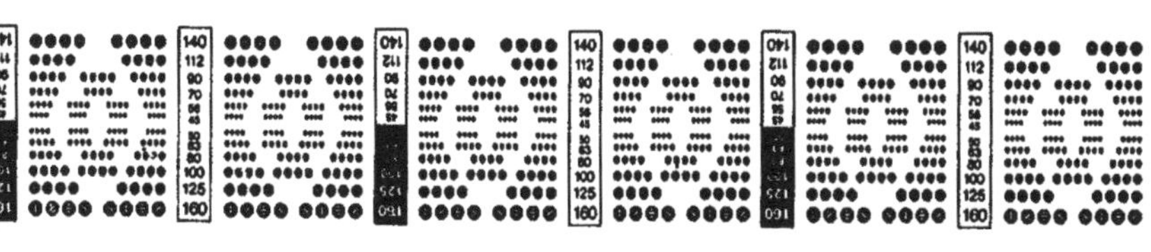

AF503751

379.89.70
raphicom
MIRE ISO N° 1
NF Z 43-007
AFNOR
Cedex 7 - 92080 PARIS-LA-DÉFENSE
0 1 2 3 4 5 6 7 8 9 10

Histoire d'un Collège

OU

ESSAI DE MONOGRAPHIE

de l'Enseignement secondaire à Saint-Yrieix
de 1789 à 1911

Avec Plan, Portraits et Vues photographiques

PAR

Martial MAGNONAUD

PROFESSEUR AU COLLÈGE DE SAINT-YRIEIX
OFFICIER DE L'INSTRUCTION PUBLIQUE

LIMOGES
IMPRIMERIE DUCOURTIEUX & GOUT
7, RUE DES ARÈNES, 7

HISTOIRE

D'UN COLLÈGE

ou

ESSAI DE MONOGRAPHIE

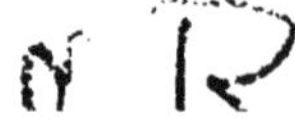

Vue perspective du Collège de Saint-Yrieix et des coteaux qui s'inclinent vers la Loue

Histoire d'un Collège

OU

ESSAI DE MONOGRAPHIE

de l'Enseignement secondaire à Saint-Yrieix
de 1789 à 1911

Avec Plan, Portraits et Vues photographiques

PAR

Martial MAGNONAUD

PROFESSEUR AU COLLÈGE DE SAINT-YRIEIX
OFFICIER DE L'INSTRUCTION PUBLIQUE

LIMOGES
IMPRIMERIE DUCOURTIEUX & GOUT
7, RUE DES ARÈNES, 7

—

1912

Aux Amis de Saint-Yrieix et du Collège,

A mes Elèves présents, anciens et futurs,
à qui j'ai beaucoup pensé en l'écrivant,

je dédie ce livre.

M. M.

Saint-Yrieix, le 30 novembre 1911.

Cet ouvrage a été rédigé en vue de satisfaire au vœu exprimé par M. le Ministre de l'Instruction publique dans sa circulaire du 19 mars 1908.

———————

A M. Pierre LEYSSENNE, Chevalier de la Légion d'honneur, Inspecteur général honoraire de l'Instruction publique, ancien Elève et ancien Directeur du « Collège » qui, malgré son grand âge, s'est donné la peine d'écrire plusieurs pages de cette Monographie ;

A M. le Docteur Emile ESCORNE, Chevalier de la Légion d'honneur, ancien Elève du « Collège », dont l'érudition d'historien local a, sur divers points, beaucoup facilité ma tâche ;

A M. Marcel ROUX, Chevalier de la Légion d'honneur, Maire de Saint-Yrieix, Président du Conseil général de la Haute-Vienne, ancien Elève du Collège, qui a mis à mon entière disposition les Archives municipales ;

A M. Michel GONDINET, Chevalier de la Légion d'honneur, Avocat à la Cour d'appel de Paris, ancien Elève du Collège, qui a bien voulu me communiquer d'intéressants papiers de famille ;

A M. J.-B. TARTIÈRE, Chevalier de la Légion d'honneur, Inspecteur de l'Enseignement primaire à Paris, ancien Professeur du Collège, à qui je suis redevable d'utiles communications ;

Aux nombreuses PERSONNES que j'ai consultées, et qui toutes, de la façon la plus aimable, m'ont fourni des renseignements souvent précieux,

Je renouvelle ici mes sincères et respectueux remercîments.

M. M.

HISTOIRE D'UN COLLÈGE

ou

ESSAI DE MONOGRAPHIE

DE L'ENSEIGNEMENT SECONDAIRE
à SAINT-YRIEIX

PREMIÈRE PARTIE

CHAPITRE PREMIER

AVANT LE COLLÈGE

(de 1789 à 1818)

**Les Etablissements ecclésiastiques.
La Préceptorale et les Institutions Abria-Laforêt.**

Saint-Yrieix à la fin du XVIIIᵉ siècle — En 1789, à l'aurore de la Révolution, Saint-Yrieix avait déjà une certaine importance (1). Sans doute, comme ensemble, il n'égalait point, à beaucoup près, le Saint-Yrieix d'aujourd'hui; mais dans la région assez vaste qui a formé plus tard le département de la

---

(1) Une adresse de la municipalité à l'Assemblée nationale, en date du 4 janvier 1790, assigne 5.000 habitants environ aux cinq paroisses de Saint-Yrieix (Archives municipales).

Haute-Vienne, Limoges seul le surpassait en population (1).

Comme de nos jours, ses foires de porcs et de bestiaux attiraient un grand nombre de marchands étrangers. Tandis qu'au célèbre Clos-de-Barre (2) et dans les environs, on exploitait le kaolin et le pétunsé, aux portes mêmes de la ville, la manufacture de porcelaine de La Seynie, qui subsiste encore, et la forge de Baudy, qui a fait place à une importante brasserie (3), étaient en pleine activité.

Il y avait aussi une fabrique de faïence, maintenant disparue, dont les produits justement estimés s'écoulaient dans toute la contrée.

Outre la remarquable église collégiale du Moustier (4), dont le chapitre de chanoines institué, dit-on, par Charlemagne et dépendant de Saint-Martin-de-Tours, avait remplacé le monastère fondé au VIe siècle par saint Arédius, patron de la ville (5), Saint-Yrieix possédait alors quatre églises ou chapelles (6); deux com-

---

(1) C'est l'opinion de MM. de Laborderie, maire sous le Consulat et Pierre Gondinet, sous-préfet sous la Restauration.

(2) Le chirurgien Darnet y a découvert, en 1765, le premier gisement de kaolin qu'on ait exploité en France.

(3) La brasserie Meyer, devenue la brasserie Holderer.

(4) Le clocher est du XIe siècle; la nef et le transept du XIIe, l'abside du XIVe. Les proportions, bien qu'un peu lourdes, sont justes : c'est une architecture de transition, dans laquelle les formes encore massives du style roman se mêlent et se combinent avec celles plus gracieuses et plus élancées de l'art ogival. (D'après M. Félix Narjoux, architecte).

(5) D'après une *Notice statistique* de M. Pierre Gondinet (communiquée par M. Michel Gondinet).

(6) Celles de Sainte-Catherine, Saint-Pierre-dans-les-Murs, Saint-Pierre-hors-les-Murs et la Chapelle-Haute.

munautés religieuses, l'une de Récollets, l'autre de Clairettes (1); une compagnie de Pénitents bleus et un vaste hôpital dit de Saint-Alexis (2).

De plus, la ville était, depuis 1750, le siège d'un tri bunal ou sénéchaussée, dont le ressort s'étendait jusqu'à plus de 20 kilomètres dans le Bas-Limousin et le Périgord.

Toutefois, malgré le privilège d'une position géographique grâce à laquelle le voisinage immédiat de cités concurrentes lui était épargné, Saint-Yrieix manquait beaucoup trop, en ce temps là, des avantages qui en font aujourd'hui une localité d'aspect moderne et de séjour agréable.

Aucune route n'existait encore : ni celle de Limoges, ni celle de Périgueux, ni celle de Coussac-Bonneval, ni celle de Châlus; des chemins peu praticables en tenaient lieu.

Des abords difficiles, des rues étroites, tortueuses, montueuses, mal pavées; des maisons aux façades grises et tristes, aux pignons aigus, aux toitures noires et moussues, où la tuile était le plus souvent remplacée par des pierres plates tirées des carrières du pays; des quartiers mal reliés entre eux et bâtis sans symétrie sur les rives du ruisseau du Chantre, du Couchou, de la Loue, autour du Foirail, des Hors, surtout de l'église

(1) Datant de 1613 et 1625, et situées de part et d'autre de la rue Victor Hugo. (D'après le docteur E. Escorne.)

(2) Cet hôpital occupait les locaux de l'ancienne Mairie, de l'ancienne Justice de Paix et de l'École communale actuelle du centre de la ville.

du Moustier et de la tour du Plô, qui dominaient l'ensemble de leur masse sombre et puissante : tout cela
conservait à la ville une physionomie moyenâgeuse, où
le banal et le laid coudoyaient le sévère et le pittores-
que, mais où le gracieux et le coquet faisaient totale-
ment défaut.

Les Ecoles,
la Préceptorale

Bien rares étaient alors les écoles ; Saint-Yrieix en comptait pourtant quelques-unes, tenues en gé-
néral par des ecclésiastiques. La plus importante,
désignée sous le nom de *Préceptorale*, s'impose immédiatement à l'attention. C'est que, par son caractère
et sa destination, elle peut être regardée comme l'an-
cêtre du Collège actuel, c'est-à-dire le premier en date
des établissements qui l'ont précédé et préparé.

Située dans le quartier des Peyrats (1), elle existait
sans doute depuis fort longtemps et, comme les écoles
du même genre (2), avait dù être fondée en vertu de
l'Ordonnance d'Orléans du 31 janvier 1561. Cette ordonnance, on le sait, prescrit « qu'en chaque église ca-
thédrale ou collégiale, une prébende demeure destinée
à l'entretien d'un *Précepteur*, qui sera tenu moyennant
ce d'instruire les enfants de la Ville (3). »

Dans la Préceptorale de Saint-Yrieix, on enseignait

(1) Aujourd'hui place du Quatre-Septembre.
(2) Saint-Germain-les-Belles avait aussi une Préceptorale, établie par le
chapitre de cette ville. (D'après M. P. Gondinet.)
(3) Voir H. Martin, *Histoire de France*.

les humanités jusqu'à la rhétorique inclusivement (1).
Les divers maîtres attachés à l'école étaient nommés et
surveillés par la Municipalité avec le concours des
chanoines du Moustier.

Le document suivant contient de précieuses indica-
tions en ce qui concerne le mode de nomination du
Précepteur, la nature de l'enseignement et les conditions auxquelles les enfants étaient admis à suivre les
cours de la Préceptorale :

Nomination d'un précepteur « Ce jourd'hui, 16 avril 1790, en la ville de Saint-Yrieix et dans la chambre du Bureau de la municipalité, ont été convoqués MM. Queyroulet, maire, Sil-
vain, Sulpicy, Gondinet, Lavaud, Laborderie, officiers
municipaux, et Sénamaud de Beaufort, procureur de
la commune, auxquels le dit M. Sénamaud a dit que le
sieur *Pinier*, maître d'école de la Ville, chargé de l'éducation de la jeunesse, étant parti depuis quelques mois,
il croit qu'il est du devoir de sa charge de requérir que
ceux qui composent le corps royal de la dite ville aient
à nommer un sujet pour l'éducation de la jeunesse et
pour enseigner les principes de la grammaire au lieu et
place du sieur Pinier, et exercer les fonctions de précepteur, ainsi et de même que les exerçaient les autres
maîtres d'école et précepteurs nommés par la municipalité en concours avec MM. du Chapitre collégial de
la ville;

(1) D'après M. P. Gondinet, *Notice statistique.*

»Que, parmi les sujets propres à remplir des fonctions si importantes et si utiles. il n'en est pas de plus capable dans le moment que le gardien de la communauté des Récollets de cette ville, qui s'offre de veiller lui-même et faire veiller par des sujets capables à l'instruction de la jeunesse de cette ville dans les humanités, langue latine, et à tout ce qui est relatif aux fonctions attachées à la Préceptorale, tout autant que la municipalité, de concours avec MM. du Chapitre, voudra bien lui donner son agrément et lui faire son titre; en conséquence, requiert qu'il soit délibéré de suite sur son exposé, et a signé Sénamaud de Beaufort.

» Sur quoi, les voix colligées par M. le Maire, elles se sont toutes réunies en faveur du révérend père *Sébastien Chasselin* religieux gardien de la communauté des Récollets de la ville, qui a été unanimement nommé pour faire les fonctions de maître d'école et instituteur de la jeunesse de la dite ville, et les exercer ainsi et de même que le sieur Pinier et autres qui l'ont précédé, avaient coutume et devaient les exercer;

» Pour par lui jouir des fruits, revenus et émoluments et prérogatives attaché. à la dite place de précepteur, ainsi et de même que ceux qui l'ont précédé; et même se faire payer à raison de 20 sols par mois pour chaque écolier de la ville qui assistera à ses leçons ou à celles des gens capables qu'il emploiera aux mêmes fins... (1) ».

(1) Archives municipales. (Document signalé par M. Dalleinne).

Budget de la préceptorale — Indépendamment des sommes payées par les familles, le budget de · la Préceptorale s'alimentait: 1º d'une prébende d'environ 900 fr. accordée par le chapitre du Moustier; 2º d'un revenu évalué à 600 fr., provenant d'un domaine légué à la ville par le sieur *Pinet* (1), lequel revenu devait, de par la volonté du donateur, servir à subventionner un établissement public d'éducation.

De 1789 à 1792, la Préceptorale fut dirigée successivement par MM. Pinier, Chasselin, Silvain et Poumaret.

Mais pendant la Révolution, la prébende fut mise sous séquestre, ainsi que les autres biens du chapitre, et le domaine de Pinet vendu comme bien national « quoiqu'il fût en réalité une propriété communale (2) ».

Disparition de la préceptorale — Privée de ces importantes ressources, désorganisée d'ailleurs par les mesures dont ses maîtres, comme une foule d'autres ecclésiastiques, furent l'objet en ce temps-là, la Préceptorale disparut.

Dès lors, l'enseignement, du moins celui du latin, « fut à peu près nul à Saint-Yrieix »; et pendant une

---

(1) La courte rue qui conduit de l'avenue Gambetta à la place de la République, en longeant la terrasse de M. Halary, s'appelle *rue Pinet*. Le cimetière actuel occupe ce qu'on appelait autrefois la *Lande de Pinet*. (D'après le docteur E. Escorne.)

(2) D'après M. de Laborderie, maire de Saint-Yrieix sous le Consulat. (Archives municipales.)

dizaine d'années, c'est-à-dire jusque vers la fin du Consulat, « les familles se virent privées de l'avantage de faire donner à leurs enfants le genre et le degré d'éducation qui auraient pu leur convenir » (1).

On sait la haute importance que Bonaparte attachait à l'enseignement secondaire, auquel il réservait la mission spéciale de lui former des officiers et des fonctionnaires. Ainsi s'expliquent le soin et l'activité que, dès son arrivée au pouvoir, il mit à le réorganiser.

Quand eurent paru les premières lois destinées à opérer cette réorganisation (2), divers établissements tentèrent de reprendre à Saint-Yrieix l'œuvre restée interrompue depuis la disparition de la Préceptorale. L'un d'entre eux sembla devoir y réussir : ce fut l'école fondée, vers 1803, par *l'abbé Abria-Laforêt*, dans le quartier du Foirail (3).

L'école secondaire Abria-Laforêt

Le succès de cette école qui, du reste, ne fut que momentané, tient à différentes causes.

D'une part, l'abbé Laforêt, chanoine théologal de Saint-Yrieix, ancien professeur de philosophie au collège royal de Limoges (4), apparenté à plusieurs familles notables de la localité, était avantageusement connu

____

(1) Ce sont les propres paroles de M. de Laborderie, maire de Saint-Yrieix sous le Consulat. (Archiv. municip.)

(2) Notamment la loi du 11 floréal an X.

(3) Dans la maison habitée actuellement par M. Pouret, notaire. (D'après Mme A. Robert et M. A. de Laborderie.)

(4) *Calendrier ecclésiastique du diocèse de Limoges*, année 1791.

dans toute la région. En second lieu, l'institution Laforêt obtint à sa fondation le titre *d'Ecole secondaire*, qui lui permettait, entre autres avantages, de recevoir des élèves boursiers du gouvernement (1). Enfin, dès 1803, le Conseil municipal de Saint-Yrieix avait accordé à l'abbé Laforêt une subvention annuelle de 900 fr. pour l'aider à se procurer « de bons instituteurs (2) ».

Ainsi patronnée par l'Etat et par la Ville, l'école secondaire Laforêt eut une période de réelle prospérité.

En 1805, « 86 élèves la fréquentaient, et 6 professeurs y enseignaient les uns le français, le latin, l'histoire, la géographie, la mythologie, les éléments des mathématiques; les autres l'écriture et l'arithméti que (3) ».

Mais tout à coup, au mois de septembre de cette même année 1805, l'abbé Laforêt reçut du préfet de la Haute-Vienne une lettre lui annonçant que son établissement avait perdu le titre d'Ecole secondaire depuis le mois d'août précédent, et que les seuls établissements en droit de le conserver étaient ceux de MM. Tarneau, Chaplet et Isecq, installés à Limoges.

Protestation de la municipalité arédienne — La lettre préfectorale, communiquée au Conseil municipal de Saint-Yrieix (4), y causa la plus vive émotion; et le maire, M. de Laborderie, prononça

---

(1) Sous l'Empire, il y eut jusqu'à 6,400 bourses destinées aux fils de fonctionnaires et distribuées sans concours à ceux que désignait l'Empereur (Jallifier et Vast, *Histoire contemporaine*).

(2 et 3) Archives municipales.

(4) Dans la séance du 15 vendémiaire an XIII. (Archives municipales.)

en cette circonstance, des paroles qu'il nous a paru intéressant de rappeler.

« C'est avec une peine bien vivement sentie, dit-il, que je vois enlever le titre d'Ecole secondaire à la maison d'éducation que nous avions eu l'avantage de procurer à nos concitoyens. La décision du Gouvernement à cet égard alarme tous les habitants de notre malheureuse cité; elle émeut la sollicitude des pères de famille de manière à les désespérer sur le sort de leurs enfants. Aujourd'hui que nous avions le flatteur espoir de voir se réaliser les heureux effets de la loi bienfaisante qui nous accordait une école secondaire; aujourd'hui que les élèves de cette école nous ont fait goûter les premiers fruits qu'ils ont cueillis dans leur carrière littéraire; aujourd'hui enfin que nous avons eu le doux plaisir de couronner cette jeunesse intéressante après les exercices publics (1), l'intrigue a surpris à la religion d'un Gouvernement juste une décision portant suppression de cet établissement en faveur de la capitale du département.

» Cependant la ville de Saint-Yrieix est, après Limoges, la plus populeuse du département, comme elle est la moins fertile en ressources pour pouvoir soigner l'éducation de ses enfants. Sous ce point de vue, elle fixera peut-être l'attention du Gouvernement, vu la distance trop conséquente qui la sépare des différents

____

(1) Dans la plupart des écoles de cette époque, il y avait à la fin de l'année scolaire des examens que les élèves passaient en présence des autorités et des familles, et à la suite desquels on procédait à la distribution des prix.

chefs-lieux des départements qui l'avoisinent. Il faut donc aviser aux moyens de faire revenir le Gouvernement sur cette décision...... »

Le Conseil municipal s'associa à cette protestation; puis, considérant que le bien des citoyens commandait impérieusement de mettre tout en usage pour voir rétablir l'école secondaire à Saint-Yrieix, et que S. M. Impériale ne verrait dans cette démarche que le désir de « donner des hommes à l'Etat », il décida, séance tenante, que l'on confierait à MM. de Laborderie et Sénamaud de Beaufort la mission d'aller demander à M. le Préfet de vouloir bien user de tout son crédit auprès de l'administration supérieure pour que l'Ecole secondaire fût rétablie.

La démarche aboutit, et l'institution Laforêt put recouvrer le titre que les autorités arédiennes considéraient, non sans raison, comme nécessaire à son prestige.

Déclin de l'école Abria - Laforêt — Mais les résultats espérés ne se réalisèrent pas; le progrès des premiers temps se ralentit, puis s'arrêta tout à fait; et au bout d'un temps relativement court, l'établissement présenta des signes évidents de décadence, bien que la subvention communale eût été portée de 900 à 1.200 fr. (1).

Cela signifie, sans doute, que si un chef réputé, une subvention importante, voire un titre comme celui

(1) Budget pour l'année 1812. (Archives municipales.)

d'école secondaire sont pour une maison d'éducation de précieux éléments de réussite, tous ces avantages réunis ne sauraient à eux seuls constituer une garantie complète et définitive de prospérité.

Ce qui paraît avoir surtout manqué à l'école Laforêt pendant les derniers temps de son existence, c'est un personnel de maîtres suffisant à la fois comme nombre et comme qualité.

Ainsi s'expliquent les réclamations sans cesse renouvelées du Conseil municipal : tantôt se plaignant du médiocre état de l'école; tantôt demandant que la subvention de 1.200 fr. ne fût payée au directeur que si l'établissement était « organisé selon les règlements »; tantôt invitant le maire, M. Sulpicy, à s'entendre avec M. Laforêt « pour écrire au recteur de l'académie impériale de Limoges (1), afin de lui exposer la situation de l'école et le prier de lui procurer des professeurs (2) ».

Un moment, le Conseil municipal se montra même disposé à accueillir les propositions de M. Tarneau, directeur d'une des écoles secondaires de Limoges, qui offrait de créer à Saint-Yrieix une institution nouvelle, à condition que la ville lui attribuerait la subvention payée jusque-là à l'abbé Laforêt. Après une longue discussion, ce projet fut écarté, mais à une faible majorité.

Il est vrai qu'à une séance ultérieure on rendit justice au zèle de l'abbé Laforêt, en déclarant qu'il n'était

(1) C'était alors l'abbé d'Humières. *(Calendrier ecclésiastique.)*
(2) Archives municipales.

pour rien dans la décadence de l'école, et on lui vota les 1.200 fr. de subvention « avec un logement convenable. » Toutefois, il dut s'engager à réorganiser l'école et le pensionnat, de manière à les mettre en état de recevoir les élèves à la rentrée suivante.

Dès cette époque d'ailleurs, on parlait beaucoup de convertir l'école secondaire en collège. D'autres villes du département donnaient l'exemple d'une transformation semblable. C'est ainsi que *Magnac-Laval* organisait son collège avec *dix* professeurs, *Eymoutiers* le sien, avec *cinq* (1). A Saint-Yrieix, il faudra attendre encore près de cinquante ans, jusqu'à 1860, pour voir trancher cette importante question.

Institution laïque et Petit-Séminaire — Il ne s'ensuit pas cependant que tout le monde s'y résignât au maintien du *statu quo*. Ce qui le prouve, c'est que quatre ou cinq ans plus tard, en 1817, au lieu d'un seul établissement secondaire, la ville en comptait deux.

A cette date, en effet, une institution secondaire laïque se trouvait installée, depuis l'année précédente, rue de l'Hormont (2), sous la direction de M. Jean Coudamy, dans les bâtiments occupés par le Collège actuel (3); tandis qu'à la place de l'école secondaire, il

---

(1) *Annuaire de la Haute-Vienne*, année 1813.

(2) Aujourd'hui rue Coudamy.

(3) Le bâtiment principal, affecté au pensionnat, fut acheté par M. Jean Coudamy pour 8000 fr., à M. Jean Chataignón médecin à Saint-Yrieix, et le bâtiment nord, affecté aux classes, pour 2700 fr., à M. Léonard Dutheillet, propriétaire au Breuil, par actes passés le 4 août 1817.

y avait maintenant un petit séminaire organisé récemment et dirigé par l'abbé Laforêt, devenu curé de Saint-Yrieix.

Ce petit séminaire s'était fondé sous le haut patronage de Mgr du Bourg, évêque de Limoges, qui venait d'y envoyer comme professeurs quatre prêtres nouvellement sortis du grand séminaire (1).

Inévitable rivalité

La coexistence de ces deux établissements et l'inévitable rivalité qui allait éclater entre eux, signifiaient en toute évidence qu'une heure solennelle venait de sonner pour l'enseignement secondaire à Saint-Yrieix.

Jusque-là, en effet, cet enseignement n'y avait guère été donné que par des ecclésiastiques, et tout faisait présumer qu'il en serait longtemps ainsi. Sans parler de l'appui qu'il avait toujours reçu et qu'il pouvait attendre encore de bon nombre de familles, le gouvernement d'alors lui était bien autrement favorable qu'à l'instruction laïque.

La lutte engagée à Saint-Yrieix semblait donc devoir tourner à l'avantage du petit séminaire Laforêt, bien que l'ancienne subvention communale de 1200 fr. eût été attribuée à M. Jean Coudamy.

(1) D'après M. P. Gondinet.

Et pourtant, ce n'est pas ce qui arriva. Malgré ses quatre professeurs, malgré la notoriété de son directeur, le petit séminaire ne put réunir que huit élèves. Aussi, vers la fin de 1818, ferma-t-il ses portes pour ne plus les rouvrir (1).

(1) L'abbé Abria-Laforêt mourut peu après, le 17 novembre 1821, à l'âge de 68 ans. (Arch. municip.)

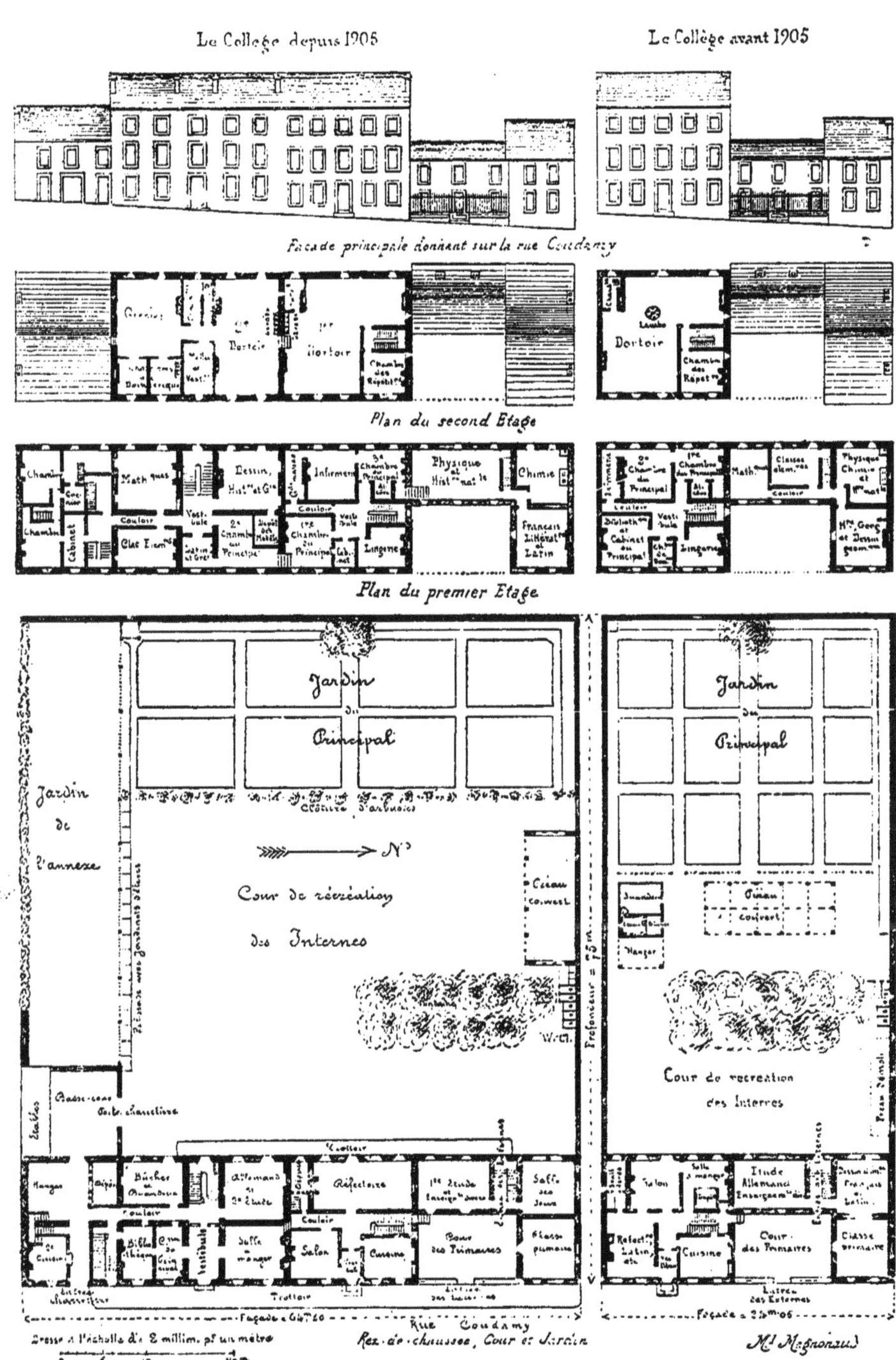

Le Collège depuis 1905
Le Collège avant 1905
Façade principale donnant sur la rue Coudamy
Plan du second Etage
Plan du premier Etage
PLAN DU COLLÈGE DE SAINT-YRIEIX
Jardin du Principal
Jardin du Principal
Jardin de l'annexe
Cour de récréation des Internes
Cour de recréation des Internes
Rue Coudamy
Rez-de-chaussée, Cour et Jardin

CHAPITRE II

AVANT LE COLLÈGE

(SUITE)

(de 1816 à 1860)

**Les Etablissements laïques.
L'Institution secondaire J. Coudamy, Lafont,
B.-Lamonerie, Leyssenne, Poncet
et l'Ecole mutuelle Louis Coudamy.**

**L'institution
Jean Coudamy** Tandis que disparaissait le petit séminaire Laforêt, sa rivale heureuse, l'institution secondaire laïque Jean Coudamy, parvenait à réunir 18 pensionnaires et un nombre respectable d'externes.

« Tous les élèves y recevaient des leçons de latinité et suivaient les différences classes, depuis la plus basse jusqu'à la troisième » (1). Parmi ceux qu'elle compta dans les premiers temps, on cite un enfant de Thiviers qui fut plus tard l'amiral Fourichon, et un jeune Aré-

(1) D'après M. Pierre Gondinet, *Notice statistique* de 1819.

dien, Oscar Massy, qui devint préfet des Hautes-Pyrénées (1).

Toutefois, le remarquable succès du nouvel établissement, qui devait s'affirmer encore davantage les années suivantes, eut pour son directeur une conséquence inattendue.

Au cours d'une séance du Conseil municipal, quelqu'un ayant fait observer, d'une part, que les besoins de la commune étaient nombreux et ses ressources modiques (2); d'autre part, que M. Coudamy « pouvait trouver dans le nombre de ses élèves un juste salaire de ses peines et de ses soins », le Conseil décida de réduire à 1.000 fr. l'allocation annuelle de 1.200 fr. que lui accordait la ville.

C'était assez peu encourageant pour M. Coudamy. Cette réduction, il est vrai, n'avait été votée qu'à la faible majorité de 11 voix contre 10. Les adversaires de la réduction disaient avec raison que la somme de 1.200 fr. ayant été primitivement accordée à M. Cou damy, il avait dû compter qu'elle lui serait toujours allouée. Ils ajoutaient même « qu'il fallait accorder à l'enseignement la plus grande protection possible, parce que c'était l'intérêt des parents qui voulaient donner de l'éducation à leurs enfants, et qu'en diminuant la somme promise on avait à craindre de voir le

(1) D'après Mmes Achille Robert et Chapgier-Dalair.
(2) De 1820 à 1830, les recettes budgétaires de la commune de Saint-Yrieix ont oscillé entre 6,000 et 10.000 fr. (Archiv. municip.).

directeur abandonner l'établissement pour aller s'installer ailleurs. »

Au surplus, et sous prétexte que la commune de Saint-Yrieix, peu riche, avait besoin de faire des économies, l'administration préfectorale d'alors, bien loin d'encourager la libéralité de la ville à l'égard du « Collège » (1), rognait presque toujours, quand elle ne le supprimait pas tout à fait, le crédit annuel que le Conseil municipal affectait à cet établissement.

C'est ainsi que dans la séance du 10 janvier 1826, à la suite d'une observation du Préfet, il fut question de refuser toute subvention à M. Jean Coudamy, « attendu que la commune ne lui devait absolûment rien ». Néanmoins, considérant que, dans l'école primaire annexée à son institution, il recevait gratuitement un assez grand nombre d'élèves pauvres, le Conseil municipal lui vota pour l'année courante une somme de 500 fr., à titre de don et d'encouragement, avec cette réserve expresse que ce vote n'impliquait de la part de la ville aucun engagement pour l'avenir.

Cette allocation fut maintenue en 1827 et 1828; on la porta même à 600 fr. en 1829. Mais M. Jean Coudamy étant mort l'année suivante (2), on ne jugea pas à propos de la continuer à *M. Lafont,* son successeur.

____

(1) C'est sous le nom de « Collège » que la population arédienne désignait habituellement l'institution J. Coudamy de même qu'antérieurement l'école Laforêt.

(2) M. Jean Coudamy est mort à Saint-Yrieix le 2 décembre 1830, à l'âge de 63 ans.

De sorte que pendant les années 1830, 1831 et 1832, aucune somme n'a figuré au budget communal de Saint-Yrieix en faveur de l'enseignement secondaire.

Ce délaissement si peu justifié a lieu de surprendre quand on se rappelle les velléités généreuses d'autrefois, et le désir si souvent et si nettement exprimé par maintes municipalités antérieures de procéder le plus tôt possible à la création d'un Collège communal. Qu'était donc devenu cet important projet ? Est-ce qu'en 1832, après vingt années de réflexion, on y avait complètement renoncé ?

Il faut cependant reconnaître que si le conseil municipal semblait avoir abandonné définitivement l'institution secondaire à ses propres moyens, il accordait, en revanche, une assez grande sollicitude à l'école primaire qui s'y trouvait annexée.

A partir de 1830, en effet, on voit figurer au budget communal une indemnité de 600 fr. destinée à l'instituteur chargé de cette école.

L'instituteur Louis Coudamy — Cet instituteur était alors *M. Louis Coudamy*, frère cadet de M. Jean Coudamy (1). Nul nom n'est plus populaire à Saint-Yrieix, et rares sont les maîtres qui ont laissé dans le pays où ils exercèrent des souvenirs aussi abondants et aussi vivaces.

(1) Les frères Coudamy sont originaires du Dorat (Haute-Vienne). où Louis Coudamy, qu'on appelait familièrement, à Saint-Yrieix, « le père Coudamy », est né le 14 février 1774. (Arch. de la Grande Chancellerie de la Légion d'honneur.)

Les personnes qui l'ont bien connu ne sont plus très nombreuses aujourd'hui; mais quand, il y a quelque dix ans, on rencontrait un Arédien frisant la soixantaine, neuf fois sur dix c'était un ancien élève du « père Coudamy ».

Si l'on engageait la conversation avec cet Arédien, et que le nom du vieux maître vînt à être prononcé, il n'en fallait pas davantage pour faire dévier l'entretien, les faits et gestes du père Coudamy étant un sujet toujours d'actualité, un sujet inépuisable, primant et écartant tous les autres. Et votre interlocuteur s'animait, s'animait..... Jamais grognard de la vieille garde ne parla avec plus de chaleur du « Petit Tondu ».

Qu'il s'agît de l'éternel bandeau noir ou vert que le père Coudamy portait autour du front pour recouvrir l'orbite de son œil perdu (1); des chenilles qu'il nourrissait dans des boîtes jusqu'à ce qu'elles fussent changées en papillons (2); du défilé des « Collégiens » sortant

(1) Le père Coudamy avait servi sous la première République. Fait prisonnier par les Anglais, il parvint à s'échapper d'un ponton où il était détenu, et atteignit, non sans peine, à la nage, une barque de pêcheurs qui le ramena en France. Son bain forcé et prolongé, le fouettement de son visage par les vagues lui auraient occasionné une ophtalmie qui lui coûta un œil. (D'après M. Joseph D.-Lavaud).

Autre version : « J'ai toujours entendu dire par notre mère et par d'autres personnes que ce bandeau vert qu'a porté jusqu'à sa mort Louis Coudamy cachait une affreuse blessure reçue sur le champ de bataille, et provenant d'une balle entrée dans l'œil. » (M. Coudamy, ancien receveur particulier des finances à Saint-Yrieix, parent du père Coudamy). Le père Coudamy avait quitté le service avec le grade de sergent. (D'après M. A. Tenant de Latour.)

(2) Ses élèves s'ingéniaient à découvrir pour les lui apporter des chenilles de toutes les variétés connues dans le pays. Mais beaucoup ne pouvaient se résoudre à croire que leur instituteur les élevât par simple curiosité scienti-

de la classe ou se rendant chaque dimanche, tambours
en tête, à la messe du Moustier (1); du traditionnel gâteau de nougat que ses élèves lui offraient à l'occasion
de sa fête (2); ou bien encore du coq immolé à son intention et qui lui fit manquer un dîner à la sous-préfecture (3) : chacune de ces choses, si menue qu'elle fût
en elle-même, prenait des proportions étonnantes dans
le récit de l'Arédien, parce que sans doute elle était
prodigieusement grande dans son imagination. Cela
seul, à défaut d'autres preuves, suffirait à démontrer

fique. « Voyez-vous toutes ces chenilles, disait un jour l'un d'eux à ses
petits camarades : eh bien ! c'est avec cela que M. Coudamy fait des cata-
plasmes pour son œil malade. » (D'après le docteur E. Escorne.)

(1) A l'église du Moustier, dans la travée de la grande nef qui précède le
transept, à droite, une tribune spéciale, aujourd'hui enlevée, était réservée
aux élèves du « Collège ». *(Idem.)*

(2) La veille de la Saint Louis, les « Collégiens » se réunissaient devant la
maison Laprade, située dans le bas de la ville, et y prenaient livraison d'un
gigantesque gâteau de nougat, exécuté sur commande et acheté avec le produit de leurs cotisations. Déjà une plate-forme, artistement décorée et disposée en manière de brancard, était prête à recevoir le dit gâteau et à lui
servir de piédestal. Puis, deux des plus grands élèves ayant chargé le tout
sur leurs épaules, on se mettait, processionnellement et au son de deux tambours, en marche vers le « Collège »: telle autrefois une théorie athénienne
montant à l'Acropole. Et les curieux, attroupés sur le passage du cortège,
répétaient en riant : « Voici le nougat des « Collégiens »; on va fêter saint
Coudamy ! » (D'après le docteur E. Escorne.)

(3) Très répandu dans la société arédienne et peu cérémonieux par nature,
le père Coudamy acceptait facilement quand on le priait à dîner. Un jour,
il fut invité par le père d'un élève non des plus fortunés : « Si vous le voulez
bien, M. Coudamy, ce sera pour dimanche prochain; il y a chez nous un
superbe coq, on va le tuer en votre honneur. » L'invitation agréée, le coq
fut égorgé. Mais le lendemain, le père Coudamy se vit invité pour le même
dimanche par M. le sous-préfet. Tout autre que lui peut-être se fût trouvé
dans l'embarras : lui point. Il déclina gracieusement cette seconde invitation et alla manger du coq ainsi qu'il l'avait promis. » (D'après Mlle Mazabraud.)

que le père Coudamy ne devait pas être le premier venu.

En 1817, on voit les frères Coudamy installés à Saint-Yrieix, l'aîné Jean à la tête de l'institution secondaire, et Louis à celle de l'école primaire attenante (1).

On a vu précédemment quel succès obtint dès le début l'institution Jean Coudamy; celui de l'école primaire Louis Coudamy ne fut pas moindre. En 1818, elle comptait déjà 95 élèves (2), et d'année en année ce nombre ne cessa de s'accroître. En dernier lieu, vers 1850, il y eut jusqu'à 160 *élèves* dans la classe du père Coudamy (3), chiffre absolument fantastique si l'on songe que ces 160 enfants devaient se mouvoir sur un espace d'environ 70 *mètres carrés*.

L'Institution secondaire et l'Ecole primaire En juxtaposant, en soudant, pour ainsi dire, l'une à l'autre l'institution et l'école, les frères Coudamy avaient été vraiment bien inspirés.

Pendant 35 ans, en effet, de 1818 à 1853, les deux établissements, grâce à cet étroit voisinage et à l'entente parfaite de leurs chefs, allaient se prêter un appui

---

(1) Cette école se composait d'une pièce unique, située au rez-de-chaussée, dans la partie nord du Collège actuel, et allant de la rue à la grande cour de récréation. Dédoublée depuis, elle a formé la *Classe primaire*, où enseigne Mlle Auzard, et l'ancienne salle de dessin devenue la *salle des Jeux*. (V. le plan du Collège.)

(2) D'après M. P. Gondinet, *Notice statistique.*

(3) Archives municipales.

réciproque qui a puissamment contribué à leur prospérité (1).

Assez différents l'un de l'autre, les deux Coudamy se complétaient en quelque sorte mutuellement. Le savoir étendu, les manières graves et réservées de Jean convenaient très bien à sa fonction, et lui valaient une grande considération dans les milieux où il avait chance de recruter des élèves de latin et des pensionnaires; tandis que la physionomie sympathique, la simplicité, la familiarité et la rondeur joviale de Louis lui avaient tout de suite conquis la faveur du populaire.

Dans l'espèce d'association qui, dès l'origine, semble s'être formée entre les deux établissements, l'institution apportait le prestige de son enseignement plus élevé, de ses trois ou quatre maîtres, et aussi de l'appellation de « Collège » qui, on le sait, lui était habituellement décernée.

De son côté, par la masse profonde de ses élèves, dont beaucoup étaient appelés à passer dans l'institution pour y continuer leurs études, l'école primaire assurait à cette dernière un appui matériel et moral considérable.

Véritable pépinière de futurs latinistes pour l'institution, l'école primaire en était généralement regardée, dans le public arédien, comme la division prépa-

____

(1) En 1833, l'école primaire Louis Coudamy devint communale. Vingt ans plus tard, à partir du 16 avril 1853, elle fut détachée du « Collège » et placée sous la direction des Frères de la Doctrine chrétienne qui la transportèrent dans les locaux de l'ancienne mairie. (Archives municipales.)

M. Louis COUDAMY

Directeur de l'École mutuelle, de 1817 a 1850
en costume de Garde National

(D'après un dessin appartenant à Mlle Mazabraud)

ratoire. Quand on demandait à quelqu'un des élèves du père Coudamy, où il allait en classe, invariablement l'enfant répondait : « Je vais en classe au Collège. » L'école primaire et le collège, c'était tout un. Et voilà comment, pour le plus grand avantage de l'institution secondaire, l'opinion s'accrédita durant de longues années qu'il y avait plus de 250 élèves au « Collège de Saint-Yrieix » (1).

Les personnes tant soit peu au courant des choses de l'enseignement se sont déjà demandé, sans doute, comment, ramassés, entassés sur un si étroit espace, les 160 élèves du père Coudamy pouvaient travailler commodément et d'une manière utile.

Mettre ses élèves à l'aise en les faisant travailler, c'était quelque chose; mais il ne semble pas que le père Coudamy ait eu à un bien haut degré cette préoccupation, à laquelle d'ailleurs ne s'attardaient guère, en ce temps-là, ni les maîtres, ni les familles, ni les autorités.

Par contre, faire travailler avec le plus de profit possible tout ce petit monde confié à ses soins : voilà de quoi il s'est inquiété sérieusement dès la première heure.

Comment s'y prendre pour diriger à lui tout seul les exercices scolaires d'une telle masse d'enfants, si différents par l'âge, la taille, les aptitudes ?

---

(1) C'était vrai; mais bien des gens ne remarquaient pas que sur ces 250 collégiens, il y en avait quatre sur cinq qui n'étaient pas des secondaires proprement dits, mais de primaires élémentaires ou supérieurs, appartenant soit à la classe de M. Louis Coudamy, soit à celle de M. Daudy (Voir plus loin, page 46).

La méthode mutuelle

Cela ne lui parut possible que par l'emploi d'une méthode d'enseignement fort ingénieuse, qu'il adopta en 1818, et qu'il devait appliquer jusqu'à sa mort : *la méthode mutuelle.*

Cette méthode a été imaginée surtout en vue d'empêcher que, dans une classe nombreuse, les élèves les plus faibles restent inactifs et perdent leur temps pendant que le maître s'occupe des élèves les plus avancés. Voici comment elle se pratique :

Les élèves les plus forts, appelés *moniteurs*, forment une division spéciale à laquelle l'instituteur donne lui-même un enseignement à part. Les autres élèves sont divisés en groupes ou *cercles* plus ou moins nombreux, comprenant chacun des élèves de force à peu près égale. Les cercles sont classés par catégories, depuis le cercle des élèves qui ne savent absolument rien jusqu'à celui des élèves qui sont déjà initiés aux diverses matières du programme.

Dès que la classe commence, un moniteur est placé à la tête de chaque cercle; il donne l'enseignement sous la surveillance et le contrôle de l'instituteur. Celui-ci passe de cercle en cercle, donne des conseils, redresse les erreurs, réprime les abus et maintient le bon ordre. Tous les élèves sont ainsi constamment occupés.

Il est nécessaire d'ajouter qu'une telle organisation oblige le maître à faire la classe aux moniteurs seuls, soit avant l'entrée, soit après la sortie des autres élèves, ce qui constitue pour lui un sérieux surcroît de travail.

Cette méthode, qui a longtemps joui d'une grande vogue, a soulevé aussi de nombreuses critiques.

Quelques opinions sur la méthode mutuelle — Dans sa « *Notice statistique de 1819* », M. Pierre Gondinet la juge assez sévèrement : « Tout le soin de l'enseignement, dit-il, est laissé aux moniteurs qui, pour la plupart, connaissent peu les premiers principes de la grammaire, de la calligraphie et de l'arithmétique. Ils sont peu occupés des fautes que peuvent commettre les élèves; leur attention en est constamment détournée. Leur langage, dans ce pays surtout, est aussi vicieux que celui de leurs élèves. » Il est vrai qu'en 1819 on commençait à peine à pratiquer le nouveau système.

D'après *M. Villemereux*, ancien inspecteur général de l'instruction publique, la méthode mutuelle offre des avantages réels pour l'enseignement de certaines matières, celles en particulier qui sont du ressort de la mémoire. Mais elle présente des inconvénients graves : d'une part, la difficulté de former de bons moniteurs; or c'est sur les moniteurs que repose toute l'organisation de la classe; en second lieu, l'impossibilité où se trouve même un bon moniteur de suppléer d'une manière convenable l'instituteur pour les leçons qui s'adressent plus particulièrement à l'intelligence. « L'éducation, dit-il, se réduit en quelque sorte à un mécanisme à des habitudes d'ordre, de régularité, qui frappent au premier moment les regards de l'observateur, mais ne peuvent satisfaire complètement son esprit ».

Que conclure de tout cela ? *M. Pierre Leyssenne,* notre compatriote, ancien inspecteur général lui aussi, va nous le dire : « Nous sourions aujourd'hui au seul nom d'école mutuelle, et notre pensée se reporte à ce temps où un maître unique formait des moniteurs, puis leur abandonnait des groupes d'élèves disséminés par toute la classe, et fonctionnant ensemble dans un brouhaha assourdissant. Nous faisons mieux, sans doute, en faisant autrement. Mais il ne faut pas moins reconnaître que les écoles mutuelles nous ont rendu de grands services dans un moment de transition, au premier réveil de notre rénovation scolaire ».

Succès et mérite de Louis Coudamy — Un fait certain, c'est que la pratique intelligente et consciencieuse du système mutuel valut au père Coudamy un très grand succès. Les élèves lui arrivaient de tous les côtés. Il les gardait en moyenne 4 ou 5 ans. En quittant son école, la plupart d'entre eux emportaient un bagage suffisant de connaissances élémentaires. Les mieux doués et les plus riches passaient ensuite dans les classes du « Collège » pour y continuer l'étude du français ou y commencer celle du latin.

Pour comprendre le mérite de Louis Coudamy, il faut toujours se représenter ses 160 élèves évoluant sur un espace de 70 mètres carrés. Alors on peut concevoir les mille difficultés qu'il eut à vaincre, les rudes épreuves auxquelles furent soumises sa patience et sa bonté, la fulguration que dut avoir parfois le regard vigilant de son œil unique, l'énergie et l'activité incessante qu'il dut déployer pour diriger les occupations de cette multitude d'enfants, et empêcher sa classe de dégénérer en une effroyable pétaudière.

Mais on conçoit aussi que bien médiocres eussent été les résultats si Louis Coudamy n'avait eu à un très haut degré l'amour de son métier et l'amour des enfants (1). Ce sont, il n'en faut pas douter, ces deux sentiments qui le soutinrent toujours et lui firent trouver facile une tâche écrasante, devant laquelle tout autre que lui eût certainement reculé (2).

Décidé, après la perte de son œil, à rester célibataire privé des douceurs du foyer familial, il avait reporté sur les enfants d'autrui l'ardeur d'affection et de dévoûment qui était en lui. Son foyer, c'était sa classe; sa famille, ce furent ces centaines d'enfants auxquels il consacra son existence, et entre lesquels, comme une bonne mère, il se partagea avec la plus scrupuleuse justice et la plus complète abnégation.

(1) « M. Coudamy a été un maître hors ligne, dévoué à ses élèves, ne vivant que pour eux. » (M. P. Leyssenne.)

(2) A peine installé, M. *Dubois*, qui succéda, en 1850, au père Coudamy, déclara qu'un instituteur adjoint lui était indispensable. En 1853, l'école communale étant passée sous la direction des Frères, elle eut trois maîtres dès le début. (Archiv. municip.)

**Action sociale
de l'Ecole mutuelle
à Saint-Yrieix** Homme d'opinions moyennes, estimé de tous les partis, admis dans tous les milieux (1), Louis Condamy avait vu se presser autour des cercles de son école des enfants appartenant à toutes les classes de la société. Les fils de la noblesse y coudoyaient les fils de bourgeois, d'ouvriers, de paysans (2).

A partager ainsi, durant des années, les mêmes travaux et les mêmes jeux, ces écoliers, si différents d'origine et d'éducation, apprenaient à se connaître et à s'apprécier.

Chez beaucoup d'entre eux, il en résultait une transformation complète dans les idées et dans les relations journalières d'élève à élève : dédains et préventions des premiers temps disparaissaient peu à peu, et faisaient place à des sentiments de bonne camaraderie fondés sur une estime et une confiance réciproques.

Plus tard, devenus hommes, quand les circonstances les remettaient en contact, même les plus réfractaires, même les plus enracinés dans leurs préjugés ne se revoyaient pas sans éprouver quelque émotion. Alors, la sympathique figure de l'ancien maître et les multiples souvenirs de l'Ecole mutuelle se présentant tout à coup à leur esprit, ils se tendaient la main, échangeaient d'amicales paroles et sentaient qu'au besoin ils auraient échangé des services.

(1) « M. Condamy était aimé et estimé de tous, écoliers, parents et population entière. » (M. P. Leyssenne.)
(2) D'après M. A. Tenant de Latour.

Bien rarement, sans doute, ailleurs que dans l'Ecole mutuelle de Saint-Yrieix, on vit pareil assemblage d'enfants de toute catégorie; et l'on conviendra que ce quasi effacement des distinctions sociales, cette chute des préjugés, cet esprit de bienveillance et de solidarité entre anciens condisciples, qui en furent la conséquence, ne sont pas la partie la moins heureuse de l'œuvre de Louis Coudamy.

Mais que de bien encore l'on pourrait dire de ce brave homme sans parvenir à le faire connaître tout entier !

Les Ecoles d'autrefois — Jusqu'à 1833, avant la *loi Guizot*, l'Etat n'avait à peu près rien fait pour l'éducation du peuple, et l'instruction primaire se donnait dans les plus singulières conditions.

Dans certains départements, l'instituteur ne savait même pas lire; il se bornait à *garder* les enfants. Il cumulait cette profession avec celle de sabotier, de cordonnier, de cabaretier. Le plus souvent, il n'avait qu'une seule pièce, où il couchait. mangeait, soignait ses enfants, versait à boire aux clients. Ou bien il enseignait sous le porche d'une église, dans une cave, dans une grange, surtout dans une écurie, pour avoir plus chaud. On en cite un qui tenait son pourceau dans la classe (1).

En principe, l'instruction n'était gratuite pour per sonne; mais bien qu'elle ne fut pas très chère, nombre

(1) D'après A. Rambaud, *Histoire de la Civilisation contemporaine.*

de familles étaient incapables de la payer ou recula'ent devant le sacrifice qu'il leur eût fallu s'imposer pour cela, si bien que la grande majorité des enfants n'en pouvaient recevoir le bienfait.

Désintéressement du père Coudamy — Il en alla tout autrement à Saint-Yrieix après l'arrivée du père Coudamy. Son école mutuelle s'ouvrit aux pauvres comme aux riches; et nul enfant ne s'en vit refuser l'entrée sous prétexte que sa famille ne pouvait ou ne voulait pas payer la rétribution scolaire.

Aussi, lorsqu'en mars 1832 Louis Coudamy fut nommé chevalier de la Légion d'honneur, non, il est vrai, comme instituteur modèle ou comme bienfaiteur de la jeunesse arédienne, mais comme capitaine de la garde nationale, tout le monde applaudit. On applaudit encore quand, dans la séance du 9 septembre 1833, le Conseil municipal le désigna unanimement pour remplir les fonctions d'instituteur primaire de la commune de Saint-Yrieix.

Mais cette dernière nomination ne devait pas améliorer sensiblement sa situation pécuniaire. Son traitement resta modeste; il se composait : 1° d'une somme fixe de 280 fr., portée à 400 fr. à partir de 1836; 2° du produit de la rétribution scolaire, à savoir : 1 fr. par mois par élève en 1833; 1 fr. 25 à partir de 1836, 1 fr. 50 à partir de 1847. Malgré tout, et bien qu'il ne fût tenu de recevoir dans son école qu'un nombre limité d'élèves gratuite, Louis Coudamy n'en ferma jamais la porte à aucun des enfants qui se présentèrent.

Et ce désintéressement resta le même jusqu'à la fin. A la veille de sa mort (car il est mort pour ainsi dire en faisant la classe), sur les 160 élèves qui fréquentaient son école, c'est à peine si une cinquantaine acquittaient régulièrement la rétribution scolaire (1).

Pourrait-on s'étonner maintenant que ce bienfaisant Coclès soit demeuré si populaire dans la cité arédienne ?

Louis Coudamy est mort le 5 janvier 1850. Il a été enterré dans le cimetière de cette ville; une modeste pierre, surmontée d'une petite croix de fer et portant une inscription difficile à lire, indique l'endroit où il repose (2).

Assez récemment, on a donné son nom à la rue qui passe devant le Collège, sous les fenêtres mêmes de cette classe qu'il avait tant aimée.

Cet hommage tardif, tout à l'honneur de la municipalité qui en a eu l'idée, était bien dû à la mémoire de ce remarquable conducteur d'enfants.

L'institution Lafont

Il nous faut maintenant revenir à M. Lafont qui, depuis 1831, avait pris, après la mort de M. Jean Coudamy, la direction de l'institution secondaire.

(1) Archives municipales.
(2) Cet endroit nous a été enseigné avec beaucoup de précision par Mᵐᵉ Henri Lemoyne.

On a vu comment, dès son entrée en fonctions, il se heurta contre le mauvais vouloir de l'assemblée municipale et se vit privé de la subvention qui, de tout temps, avait été allouée à son prédécesseur.

Pendant la première année, M. Lafont parut se résigner à cette situation, bien qu'il lui fallût payer un loyer de 1.000 fr. à Mme veuve Jean Coudamy, propriétaire des locaux occupés par le « Collège ». Mais, au mois de mai 1832, il adressa au Conseil municipal une requête dans laquelle il déclarait « sa position insoutenable, et menaçait, si la commune ne venait à son secours, d'abandonner un établissement qui ne lui présentait aucune chance favorable » (1).

Plusieurs conseillers appuyèrent la demande de M. Lafont; tous estimèrent qu'il était nécessaire de venir au secours d'un établissement qui présentait les plus grands avantages pour la ville. On convint surtout que le prix du loyer était extrêmement onéreux pour le directeur, et que la commune n'ayant pas de local à lui fournir, il était juste de lui accorder une *indemnité de logement*. En conséquence, et sous cette dernière rubrique, on lui vota une somme de 500 fr.

M. Lafont ne fut pas satisfait du succès de sa démarche. Il s'attendait à une subvention plus forte, que rendaient d'ailleurs bien nécessaire les médiocres résultats obtenus jusque-là dans la gestion de son établissement. Aussi, dans le courant de l'année suivante,

____

(1) Archives municipales.

« cet homme instruit et capable » céda la direction du « Collège » à *M. Bonnet-Lamonerie*, l'un de ses professeurs, puis il quitta la localité, « presque en fugitif » (1).

L'institution Bonnet-Lamonerie — Né à Badefols-d'Ans, bourg de la Dordogne, à moins de quarante kilomètres de Saint-Yrieix, M. Bonnet-Lamonerie, de même que les frères Coudamy, n'était pas à proprement parler un étranger.

Entré comme professeur à l'institution Lafont, en 1832, puis directeur à partir de 1833, il n'a quitté l'établissement qu'en 1852. C'est au cours de ces vingt années que l'institution secondaire de Saint-Yrieix a connu sa période la plus persistante de prospérité.

Nombreuses sont encore aujourd'hui les personnes qui ont connu M. Lamonerie. Toutes se rappellent fort bien les manières simples et avenantes de cet alerte vieillard, sa tenue toujours scrupuleusement correcte et soignée, et les traits caractéristiques de sa physionomie, où il y avait à la fois du professeur, du magistrat, de l'ecclésiastique et de l'homme d'affaires.

Quand, il y a moins de trente ans, on le voyait partir pour la promenade, avec pour cadre gracieux Mlles Chapgier-Dalair, ses deux petites-filles, on pouvait lire sur son visage la satisfaction sereine d'un homme qui, n'ayant point ignoré les luttes de la vie, en est sorti triomphant, et libre de soucis, s'abandonne aux douceurs de l'art d'être grand-père.

1) Archives municipales.

Deux mariages, contractés à huit années d'intervalle, l'avaient uni à plusieurs des plus notables familles de la localité (1). De sorte qu'à peine installé comme chef d'institution, il put compter sur l'apppui moral et effectif de presque toute la bourgeoisie de Saint-Yrieix et des environs. Cet appui, qu'il sut conserver jusqu'au bout, est un des secrets de sa réussite.

En 1833, l'école mutuelle libre dirigée par le père Coudamy étant devenue communale, M. Lamonerie s'entendit avec le Conseil municipal pour la garder dans le voisinage du « Collège », et il eut le bon esprit d'entretenir avec son directeur des rapports amicaux qui de jour en jour allèrent se resserrant jusqu'à la mort de ce dernier.

L'Ecole primaire supérieure — A la même date, et toujours par application de la loi Guizot (2), la ville de Saint-Yrieix décida de créer une école primaire supérieure.

M. Lamonerie comprit tout de suite quelle concurrence dangereuse cette mesure pouvait susciter à son institution. Aussi, fort habilement, s'appliqua-t-il à obtenir que l'école primaire supérieure fût réunie au « Collège ». Il démontra que les deux établissements ainsi placés sous la direction et la surveillance d'une

(1) En 1834, il s'était marié avec Mⁱⁱᵉ Burguet, sœur du médecin de ce nom. Bientôt veuf, il épousa en 1842, Mⁱⁱᵉ Gondinet, fille de l'instituteur de Cous sac-Bonneval et apparentée aux Tenant de Latour.

(2) En vertu de cette loi, toute commune comptant plus de 6,000 âmes était tenue d'organiser une école primaire supérieure.

même personne, le chef d'institution, « se soutiendraient l'un l'autre et pourraient prendre un développement depuis longtemps désiré ». (1)

Les efforts de M. Lamonerie furent couronnés de succès. L'école primaire supérieure, composée d'une classe unique, fut annexée au « Collège » et y constitua le « cours spécial de français ».

M. Lacôte, natif de Magnac-Laval, fut le premier maître appelé à la diriger : et bien que l'esprit de la loi de 1833 se conciliât mal avec une telle combinaison, il paraissait dépendre entièrement de M. Lamonerie (2); comme les autres maîtres il logeait au « Collège » et partageait avec eux la surveillance (3).

Les élèves de l'école primaire supérieure payaient une rétribution mensuelle de 2 fr., qui fut portée à 2 fr. 50 en 1847.

Un certain nombre d'entre eux (8 puis 12), désignés par le Conseil municipal à la suite d'un concours étaient dispensés de cette rétribution (4).

(1) Archives municipales.

(2) La loi exigeait, en effet, que les deux établissements ainsi réunis et dont les chefs étaient subordonnés l'un à l'autre, fussent communaux : or l'établissement Lamonerie était une institution privée. La loi fut donc tournée, au grand avantage, d'ailleurs, du « Collège » et de M. Lamonerie.

(3) Il est vrai que son successeur, M. Daudy, obtint plus tard d'être exempté de tout service d'internat.

(4) En 1835, la Commission chargée d'examiner les candidats se composait de MM. Moreau, notaire, Gondinet, médecin, Deschamps, avocat, Magrangeas, avocat, et Vigniaud, professeur d'écriture.

**L'instituteur
Ferdinand Daudy**

En 1841, *M. Ferdinand Daudy* succèda à M. Lacôte. Originaire de Terrasson (Dordogne), il habitait depuis longtemps à Saint-Yrieix, où son père était établi comme instituteur privé. Sa nomination à la tête de l'école primaire supérieure, très favorablement accueillie par la population arédienne, se traduisit par une nouvelle affluence d'élèves. La classe de M. Daudy en compta 70 à la fin de cette même année.

Si l'on y ajoute les 150 élèves mutuels du père Coudamy, les 20 pensionnaires et les 12 à 15 externes de l'institution secondaire proprement dite, on voit qu'au temps de M. Lamonerie l'effectif total de l'établissement désigné alors dans la région sous le nom de « Collège de Saint-Yrieix » était de plus de 250 élèves.

**Le local
de l'institution
Lamonerie**

Le bâtiment qui abritait cette nombreuse population scolaire était resté le même qu'au temps où M. Jean Coudamy l'avait acheté pour y installer son institution. En 1844, Mme veuve J. Coudamy l'avait revendu pour la somme de 14.000 fr. à M. Lamonerie (1).

« Dans l'ensemble, il différait assez peu de celui qu'on a connu avant les agrandissements de 1905. Il se composait de deux corps de bâtiment très inégaux, séparés l'un de l'autre par une petite cour. Le bâtiment de gauche, attenant à la maison Bosvieux qui a été absor-

____

(1) Par acte passé le 25 juillet de la même année.

béc depuis, contenait les appartements du directeur, les chambres des maîtres, la cuisine, le réfectoire, l'infirmerie et le dortoir.

» Le corps de bâtiment de droite, attenant à la maison de Chapuiset (alors maison Dugarreau) était réservé aux classes. Il ne se composait en réalité que de deux pièces : l'une au rez-de-chaussée, allant de la rue à la grande cour et abandonnée à M. Louis Coudamy, qui y tenait l'école mutuelle; l'autre au-dessus, divisée en trois salles; une grande, servant de salle de français, d'étude, de dessin et d'écriture, et dont les deux fenêtres s'ouvraient sur la grande cour (1); et deux petites, donnant sur la rue, séparées de la grande et séparées entre elles par des cloisons de bois : c'étaient les classes de latin » (2).

L'enseignement et les maîtres — L'institution secondaire comptait alors trois maîtres, M. Lamonerie s'était réservé la classe de quatrième; deux autres maîtres se partageaient les classes inférieures de latin. Ces deux derniers changeaient souvent. A la fois professeurs et surveillants, soumis à la discipline et au régime des écoliers, ils recevaient un assez maigre traitement : 300 à 500 fr. au plus (3).

« A ces maîtres il faut ajouter celui d'écriture, M.

(1) C'est là qu'enseignaient tour à tour M. Daudy et M. Vigniaud, professeur d'écriture.
(2) D'après M. Pierre Leyssenne.
(3) D'après M. Lamonerie lui-même. (Archives municip.)

Vigniaud, qui venait du dehors présider tous les jours, de onze heures à midi, la leçon d'écriture à tous les élèves de la maison. C'était un calligraphe distingué, un peu fanatique de son art peut-être, mais très zélé et apprenant à écrire parfaitement à un grand nombre d'élèves.

» Il paraît étrange qu'une telle organisation ait pu donner de bons résultats. Et cependant il fut souvent constaté dans ces temps-là que nombre d'élèves sortis du « Collège de Saint-Yrieix » se trouvèrent les meilleurs dans les établissements où ils allaient achever leurs études (1) ».

Les tribulations de M. Lamonerie — Si, à bien des égards, la situation de M. Lamonerie n'a pas laissé d'être réellement avantageuse, il n'en faudrait pas conclure que sa carrière de chef d'institution fut toujours exempte de traverses et de soucis. Témoin le triste accident dont fut victime l'un de ses collaborateurs.

« A cette époque, on menait en été les élèves se baigner à l'étang de La Seynie (2). Un jour, un professeur, *M. Jouve*, commit l'imprudence de s'aventurer au large emportant sur ses épaules le jeune Fénelon Lachâtre. Fut-il paralysé par une crampe ou frappé de congestion? toujours est-il qu'il disparut subitement. On

(1) D'après M. P. Leyssenne.
(2) Situé en amont de l'étang Profond; il est aujourd'hui désséché.

Photo Faissat.

M. BONNET-LAMONERIE

Directeur de l'Institution secondaire

de 1833 a 1852

eut le temps de sauver l'enfant (1); mais le maître ne. fut retrouvé que le lendemain. M. Lamonerie fut atterré par ce malheur, et avec lui tous les élèves et la ville entière. Depuis ce jour, on n'alla plus se baigner dans aucun étang (2) ».

Des ennuis d'un autre genre étaient réservés à M. Lamonerie. Dans ses rapports avec le Conseil municipal, il se vit plusieurs fois aux prises avec des difficultés qui rappellent celles qu'avaient connues ses prédécesseurs, et dont ses qualités diplomatiques ne parvinrent pas toujours à le tirer sans dommage.

En 1835, la subvention communale de 900 fr. qui lui avait d'abord été accordée fut réduite à 800 fr. En 1840, un membre du Conseil municipal ayant fait observer que plusieurs pères de famille trouvaient la rétribution mensuelle de 12 fr. payée par les élèves externes, exorbitante et hors de proportion avec le prix de 300 fr. payé par les pensionnaires, M. Lamonerie fut invité à réduire cette rétribution et il la fixa à 10 fr. (3).

En 1844, la Ville se trouvant gênée par les frais d'installation d'une salle d'asile, le préfet déclara que, dans le cas où le Conseil municipal refuserait de voter les fonds nécessaires, il examinerait si pour satisfaire à la dépense il n'y aurait pas lieu de supprimer du budget

----

(1) F. Lachâtre fut sauvé par M. V. Mazard, notaire. (D'après Mme B. Lacour).

(2) Récit de M. P. Leyssenne, confirmé par M. Auguste Vincroze.

(3) Sur cette somme, un *droit universitaire* était prélevé au profit de l'État.

communal la subvention faite à l'institution secondaire. Fort heureusement on arriva d'une autre manière à pourvoir aux besoins de la salle d'asile, et la subvention fut continuée à M. Lamonerie; mais pendant une période assez longue, il dut passer par des angoisses que tout le monde comprendra.

En 1848, année de la seconde République, nouvel assaut : cette fois, les adversaires de la subvention l'emportèrent, et elle fut abaissée à 400 fr. On avait donné pour raison « que la commune était obérée; que le directeur du Collège exerçait une des professions les plus lucratives de la localité (1); que ses bénéfices tendaient à s'accroître par le bon marché excessif des denrées; que d'ailleurs exerçant une industrie comme un autre, à ses risques et périls, sa bonne ou sa mauvaise administration étaient les gages de sa fortune ou de sa ruine (2) ».

Enfin, en 1851, le Conseil municipal imposait à M. Lamonerie l'obligation de recevoir dans ses classes secondaires 4 enfants de la commune « qui se seraient

---

(1) Ce qui donnait du poids à cette assertion, c'est que M. Lamonerie avait acheté à Mᵐᵉ veuve Jean Coudamy le local du « Collège » et des écoles.

(2) Si la municipalité de 1848 faisait preuve de parcimonie à l'égard du « Collège », celle de 1851 en usa parfois de même envers les écoles primaires. Le préfet avait demandé que la commune de Saint-Yrieix fît l'acquisition d'un nombre de bancs suffisant pour faire asseoir à l'église les enfants des écoles communales : « Sur quoi, considérant qu'il existait déjà des bancs destinés à cet usage; qu'en outre, il y avait lieu de laisser à la charge des instituteurs *(sic)* et des parents ces dépenses d'entretien et d'achat de bancs; que d'ailleurs, il était digne des enfants de la République de se tenir debout devant la Divinité *(sic)*, le Conseil municipal fut d'avis, à l'unanimité, qu'il n'y avait pas lieu d'autoriser cette dépense. » (Archives municipales).

le plus fait remarquer par leur aptitude, la précocité de
leur intelligence et leur bonne conduite, en compensa-
tion de la somme de 400 fr. qu'on lui donnait à titre
d'encouragement et de secours ».

On le voit, les relations de M. Lamonerie avec la
municipalité arédienne devenaient de jour en jour plus
difficiles, et menaçaient de lui créer une situation ana-
logue à celle qui avait causé le départ de son prédécesseur, avec cette différence, toutefois, que M. Lafont
n'avait pu s'attirer les bonnes grâces de la municipalité
faute d'avoir suffisamment réussi, tandis que M. Lamonerie les perdait parce qu'il avait trop bien réussi.

La loi Falloux — Déjà les effets de la loi du 15 mars
1850, dite loi Falloux, qui avait
mis fin au monopole universitaire
et proclamé la liberté de l'enseignement, commençaient
à se faire sentir. De tous côtés, des maîtres laïques, des
prêtres séculiers et des congréganistes ouvraient de
nouveaux établissements qui allaient faire une ardente
concurrence aux anciens.

D'autre part, en 1852, Saint-Yrieix élisait un conseil
municipal en majorité favorable au rétablissement
de l'Empire, et disposé à appeler des Frères de la
Doctrine chrétienne pour leur confier la direction des
écoles communales, attendu que « sous le rapport de
l'instruction et de la *moralisation* des enfants, la ville

avait un immense intérêt à l'établissement de ces Frères dans son sein » (1).

Or, cette substitution de l'enseignement congréganiste à l'enseignement laïque entraînait la séparation complète des écoles communales d'avec le « Collège », séparation que M. Lamonerie regardait, on le sait, comme une éventualité redoutable, et qu'il s'était toujours efforcé d'empêcher.

Aussi pressentant que son institution était vouée désormais, sinon à la ruine, du moins à un avenir bien incertain, M. Lamonerie la céda à M. Pierre Leyssenne, jeune universitaire qui avait été autrefois un de ses élèves les plus distingués. Puis transportant dans un domaine bien différent ses qualités administratives, M. Lamonerie s'associa à la direction d'une banque qui subsiste encore et qui, grâce à l'activité, la prudence, l'esprit d'ordre qu'il apportait en toutes choses, ne tarda pas à prospérer et à prendre de l'importance (2).

L'institution Leyssenne — Inspecteur général honoraire de l'Instruction publique, chevalier de la Légion d'honneur, ancien président de l'Association des Membres de l'Enseignement, auteur de divers ouvrages de mathématiques

----

(1) Archives municipales. Les faits regrettables qui se produisirent plus tard dans l'école des Frères de Saint-Yrieix, devaient donner à ce considérant une bien cruelle ironie.

(2) Elle est actuellement dirigée par sa seconde fille, Mme Chapgier-Dalair. M. Bonnet Lamonerie est mort à Saint-Yrieix, le 5 février 1886, à l'âge de 75 ans.

auxquels leur méthode, leur clarté et leur caractère
pratique ont valu, dès leur apparition, une vogue
immense dans tous nos établissements secondaires
et primaires, depuis les lycées de Paris jusqu'aux plus
humbles écoles de hameau, M. Pierre Leyssenne est
un des universitaires les plus justement estimés et
populaires de France; de plus, on va le voir, c'est presque un enfant de Saint-Yrieix.

Avec une complaisance aimable dont nous lui sommes infiniment reconnaissant, il a bien voulu collabo-
rer à notre œuvre et, malgré son grand âge et une cécité
à peu près complète, écrire de sa main les pages suivantes, qui suffisent toutes seules à donner de l'intérêt
à cette monographie.

« Ma famille est originaire de Saint-Germain-les-
Belles (Haute-Vienne); mon père y était percepteur.
Lorsque, en 1835, il vit que ses deux garçons allaient
être bientôt en âge de commencer leurs études classiques, il songea à venir s'établir à Saint-Yrieix. Il y
réussit en échangeant sa perception contre le secréta-
riat de la sous-préfecture.

» Dès l'année suivante, nous étions, mon frère et
moi, externes surveillés au « Collège de Saint-Yrieix »
alors dirigé par M. Lamonerie. C'était un établissement
primaire et secondaire auquel l'opinion publique donnait le nom impropre de *Collège* : il avait bon renom
et son directeur était fort estimé.

» Je suis resté là cinq ans, jusqu'à ma cinquième
inclusivement, et ma mémoire n'a retenu de ce temps-là

aucun fait digne de remarque, excepté l'accident qui coûta la vie au malheureux professeur Jouve (1).

« En 1840, je quittai Saint-Yrieix; j'allai continuer mes classes, de la quatrième à la rhétorique, aux deux collèges d'Agen et de Montluçon, où l'un de mes oncles fut successivement principal, et je fis ma philosophie au Collège royal de Limoges (2) comme élève de la pension Barbaud.

» Un an après, j'étais nommé professeur ou plutôt régent (3) de sixième et cinquième au collège de Magnac-Laval, aujourd'hui transformé en caserne (4). Trois ans plus tard, je fus envoyé en quatrième au collège de Rochefort.

»Au bout de trois nouvelles années, en 1852, des raisons de famille et mes convenances personnelles me portèrent à engager des négociations avec M. Lamonerie pour la cession de son pensionnat. Ces négociations furent faciles et courtes. En septembre, je pris possession de la maison, que j'avais acquise en bloc avec son mobilier scolaire. Je me mariai ce même mois et je fis la rentrée en novembre.

» Cette rentrée fut très satisfaisante et de bon augure. J'arrivais avec des idées personnelles et un plan arrêté

(1) Voir page 48 le récit de cet accident.

(2) Aujourd'hui le lycée. De 1815 à 1848, le terme de Lycée fit place à celui de *Collège royal.*

(3) Le décret du 12 janvier 1867 a remplacé le titre de *régent* par celui de *professeur.*

(4) Le Collège de Magnac-Laval comptait alors 15 professeurs, en comprenant les maîtres de dessin, d'écriture, d'armes et de danse. *(Annuaire de la Haute-Vienne.)*

J'en commençai l'application; mais comme il ne put être poursuivi et qu'il n'eut le temps de produire aucun résultat appréciable, je n'en parlerai pas longuement.

» Je me préoccupai de trois choses : 1º détruire dans la maison tout germe d'indiscipline (1); 2º remplacer le mécanisme par le raisonnement dans l'enseignement; 3º donner satisfaction aux parents et au clergé à l'endroit des pratiques religieuses, mais sans m'engager personnellement ni engager mes maîtres dans aucunes obligations confessionnelles.

» Sur les deux premiers points, je n'eus qu'à me féliciter de mes premiers succès. Sur le troisième, j'appris bientôt que cela n'était pas suffisant dans le temps où le clergé reprenait l'offensive sous l'égide de l'Empire.

» Je trouvai M. Daudy engagé avec M. Lamonerie. Je le gardai aux mêmes conditions pour faire les classes de français. Comme il avait la confiance des parents et la mienne, je lui laissai une entière liberté et je m'en trouvai bien (2).

» Mon principal auxiliaire fut *M. Laborie-Bayle*, jeune homme sérieux, suffisamment instruit et qui me resta fidèle jusqu'au dernier jour. Après moi, il entra

(1) Fait confirmé par MM. Henri Meunier-Quinsac et Antoine Serre.

(2) A la date du 2 novembre 1852, on lit dans les Archives municipales : « Budget pour 1853 : Allocation au Régent du Collège (M. Leyssenne) : 800 fr., avec la condition que l'instituteur de l'école communale supérieure, M. Daudy, dont le remplacement par des Frères a été décidé, et qui ensuite restera attaché au Collège, recevra la moitié de cette somme comme dédommagement de son changement de position et comme rémunération des services qu'il a rendus.... »

au lycée de Limoges comme commis d'économat. Je
l'ai retrouvé plus tard économe au lycée de Versailles,
puis au lycée Saint-Louis, à Paris. Il est mort en retraite
laissant une veuve et des enfants dans une belle situation.

» Le second de mes maîtres était *M. Beau*, qui joi-
gnait à des connaissances littéraires convenables une
connaissance toute spéciale de la botanique. Il me rendit
de bons services, mais je l'ai perdu de vue complètement.

» A ces maîtres j'avais joint un surveillant. Ce fut
d'abord mon jeune frère Henri, qui venait d'achever
ses études. Il ne tarda pas à me quitter pour suivre sa
carrière; il est mort à 32 ans, à Magnac-Bourg, auprès
de nos vieux parents, étant professeur de mathématiques au lycée de Nice.

» Je le remplaçai par un jeune homme de Saint-Yrieix,
Mazabraud, qui avait assez mal réussi jusque-là. Il
accepta si sincèrement, si courageusement la position
médiocre que je lui offrais, qu'il devint pour moi un
auxiliaire extrêmement précieux. Le proviseur du lycée
de Limoges lui offrit un poste, qu'il voulait refuser
par pur dévoûment pour nous, mais qu'il accepta sur
mes vives instances; malheureusement il ne vécut pas
longtemps.

» Il fut remplacé par un de mes anciens camarades,
libre de ses loisirs et qui voulut bien me rendre ce service : c'était *Alexandre Magrangeas*, fils de l'ancien juge
de paix et père du pharmacien.

M. LEYSSENNE

Directeur de l'Institution secondaire

de 1852 a 1855

» Avec ces éléments nous marchions modestement mais fort bien.

» Comme il n'y avait pas d'uniforme dans l'établissement avant ma direction, j'en avais introduit un très simple et très économique. Il était couleur bleu de ciel; je l'avais pris au collège de Sainte-Barbe-des-Champs, à Fontenay-aux-Roses, succursale de Sainte-Barbe-de-Paris, où je devais passer plus tard vingt années de ma vie, de 1859 à 1879. Le veston était à revers et portait des boutons de métal où étaient inscrits les mots : *Institution Leyssenne, Saint-Yrieix* (1).

» La seconde année fut encore plus heureuse que la première : je comptai 120 élèves, dont 30 pensionnaires. C'était un triomphe; on pouvait croire le sort du « Collège » assuré et le mien fixé définitivement : c'était d'ailleurs là toute mon ambition.

» Toute l'année fut brillante; mais hélas ! je devais bientôt apprendre que la roche Tarpéienne est très près du Capitole.

» Il me reste maintenant à dire mes malheurs : *Infandum, regina, jubes renovare dolorem* (2).

» Eh bien ! non, cela ne renouvellera pas ma douleur, et je n'ai rien à cacher d'un temps où je n'ai reçu des habitants de Saint-Yrieix que des preuves de la plus bienveillante sympathie. Par reconnaissance, je leur

---

(1) Ce costume a été maintenu dans l'établissement jusque sous le principalat de M. Raffy, vers 1874. (D'après M. André Limousin).

(2) Reine, vous m'ordonnez de renouveler ma douleur indicible (Virgile, *Enéide*).

dois même peut-être de leur dire, après cinquante ans passés, la vérité tout entière, que bien peu de gens ont connue alors.

On pensa, avec beaucoup de raison, que je partais parce que je ne faisais plus mes affaires. Au « Collège », cela aurait été suffisant; mais les causes de mon départ étaient multiples.

« A un moment dont je ne puis fixer la date, je reçus la visite de deux vicaires de la paroisse, dont l'un était M. l'abbé X... que j'ai retrouvé plus tard à Paris, professeur au collège des Jésuites, rue des Postes.

» Ces messieurs venaient me faire une proposition : celle d'être associés à ma direction. Ils me laissaient toute la partie administrative et l'enseignement avec tous les bénéfices financiers; ils ne se réservaient que la direction morale et religieuse. Ils me promettaient monts et merveilles de cette combinaison, que soutiendraient tous les prêtres du pays. C'était ma fortune assurée.

» Ils furent très surpris de recevoir une réponse négative; ils me le firent bien voir.

» Ils furent servis d'ailleurs par une année calamiteuse et un surenchérissement des denrées dont l'année 1910 ne pourra donner une idée (1).

» Ils poussèrent le Conseil municipal à m'enlever ma

_____

(1) A la date du 25 octobre 1853, on lit dans les Archives municipales : « Un emprunt sera fait en vue de faire délivrer aux ouvriers nécessiteux le pain confectionné par les boulangers à un prix *moins élevé que celui de la taxe,* de manière que le *pain de seigle* ne dépasse pas 35 *centimes le kilo.* »

subvention de 800 fr. et obtinrent qu'il appelât des instituteurs congréganistes (1). M. le sous-préfet, sous main, se mettant de la partie, remercia mon père comme secrétaire de la sous-préfecture.

» La mesure était comble, il n'y avait plus qu'à se retirer. Mes affaires furent réglées à l'amiable; je résiliai mes conventions avec M. Lamonerie, qui reprit possession de son immeuble; je traitai avec *M. Poncet*, mon successeur, pour le mobilier scolaire, et j'allai chercher fortune ailleurs. »

Telle est dans son attachante simplicité l'histoire des trois années de la direction de M. Leyssenne.

A son tour, malgré ses qualités administratives si remarquables, sa haute probité et la valeur que ses adversaires eux-mêmes n'osaient lui contester (2), il fut contraint de renoncer à une situation ingrate, où il ne trouvait ni le concours bienveillant auquel il avait droit, ni la juste rémunération de ses capacités et de ses services.

C'est avec le plus vif regret que parents et élèves le virent partir. Quant aux pensionnaires, ils ont toujours gardé le souvenir non seulement de sa personne et de ses leçons, mais aussi des menus abondants et soignés qui, de son temps, parurent au réfectoire (3), et dont la tradition ne devait être maintenue que d'une

(1) Les Frères de la D. C. ont été, en effet, installés à Saint-Yrieix le 16 avril 1853. (Archives municipales).

(2) D'après Mme Achille Robert.

(3) Les témoignages que nous avons recueillis sont unanimes à cet égard.

façon très intermittente par beaucoup de ses successeurs. Toutefois, c'est dans la suite surtout que l'on sentit bien à Saint-Yrieix l'énorme perte que l'on avait faite.

Les administrateurs intelligents et les bons maîtres ne se rencontrent pas tous les jours; aussi, quand on a l'heureuse chance d'en posséder, faudrait-il s'appliquer à les conserver le plus longtemps possible, fût-ce au prix de quelques sacrifices d'argent et de préjugés. Voilà une leçon qui, aux yeux des gens sages, parut se dégager du départ prématuré de M. Leyssenne et de sa trop courte présence à la tête du « Collège de Saint-Yrieix ».

L'Institution Poncet

Bien lourde était la succession que recueillait M. Poncet. Dès son installation d'ailleurs, on aurait pu prévoir qu'il réussirait difficilement là où M. Leyssenne avait échoué. En effet, de 1855 à 1860, l'institution secondaire ne cessa de végéter (1).

Le Pensionnat Daudy

Pour comble d'infortune, et à la suite d'incidents fâcheux auxquels donna lieu la mésintelligence survenue entre MM. Poncet et Daudy, ce dernier renonça, en 1857, aux fonctions qu'il exerçait au « Col

---

(1) Parmi les collaborateurs de M. Poncet figura alors quelque temps M. Tourgnol, devenu dans la suite principal du collège de Saintes, puis député de la Haute-Vienne. (D'après MM. A. Lajoux, E. Magrangeas et A. Serre).

lège », et emmenant avec lui presque tout l'effectif de la classe de français, alla fonder, rue de l'Aiguillette, un pensionnat primaire libre, où il ne tarda pas à réunir une quarantaine d'élèves (1).

Cette regrettable concurrence réduisait l'institution Poncet presque à ses seuls élèves de latin et ruinait les dernières espérances de son directeur. Vainement la municipalité, instruite enfin par l'expérience, lui votait-elle sans discussion le subside tant de fois marchandé à ses prédécesseurs : il apparut bientôt avec la dernière évidence que ce subside ne suffisait plus et que les jours de l'institution secondaire étaient comptés. .

Or, cette disparition imminente d'un établissement auquel tenaient ceux mêmes qui, en diverses circonstances, avaient mis le moins d'empressement à le soutenir, était un évènement que la plupart des Arédiens n'envisageaient pas sans tristesse.

A la même heure, il est vrai, certaines personnes proposaient de fonder une institution secondaire ecclésiastique. Mais leur voix resta sans écho, parce que ce projet, séduisant au prémier abord, parut après examen beaucoup trop hasardeux.

Pour commencer, en effet, il nécessitait une première et importante mise de fonds. En second lieu, le nouvel établissement aurait toujours à compter avec la redoutable concurrence du pensionnat Daudy. De plus,

(1) Ce pensionnat, installé dans la maison occupée actuellement par une école communale, compta jusqu'à 20 internes. (Archives municipales.)

il n'était pas certain qu'une subvention stable et régulière lui serait accordée par la commune.

Enfin, rien n'indiquait qu'une fondation de cette nature dût rencontrer grande faveur auprès de la population. Tout au contraire, l'échec des anciens établissements Abria-Laforêt, dont le souvenir était resté dans bien des mémoires, donnait à craindre qu'à une entreprise de même espèce fût réservé un sort pareil.

De tout cela naquit bientôt une conviction à peu près générale : c'est que l'établissement appelé à remplacer l'institution Poncet serait laïque ou bien ne serait pas.

Concours de l'Etat jugé nécessaire — Voilà comment la Municipalité arédienne, tant pour donner satisfaction à un sentiment quasi unanime que pour sortir d'une situation embarrassante, fut amenée à s'adresser à l'Etat et à lui demander son concours en vue d'ériger le pensionnat Poncet en *Collège communal.*

Ainsi finit l'histoire des Institutions secondaires libres de Saint-Yrieix; celle du Collège proprement dit va commencer.

DEUXIÈME PARTIE

CHAPITRE III

LE COLLÈGE COMMUNAL

(de 1860 à 1880)

Période des Engagements quinquennaux.

Principalat de MM. Poncet, Benoît, Vielcazat, Raffy Izenic, Prat et Prost.

Saint-Yrieix en 1860

Depuis 1789, la ville de Saint-Yrieix n'était point restée stationnaire; toutefois, si réel que fût le progrès, il n'avait pas l'importance qu'on pourrait supposer de prime abord.

Dans l'ensemble, la physionomie de la localité avait peu changé, malgré le percement de la croisée que forment en la traversant la route de Limoges à Cahors et celle de Châlus à Coussac-Bonneval.

Les faubourgs avaient gardé pour la plupart leur aspect sordide et miséreux. A chaque pas, pour ainsi dire, on apercevait des réduits privés de toute condition de salubrité, servant d'asile à une population grouillante « de malheureux journaliers qu'attirait l'exploitation des matières à porcelaine, et que la médiocrité de leurs salaires contraignait à s'y réfugier » (1).

Si certains travaux d'assainissement avaient été exécutés; si, par exemple, l'ancien « canal » situé entre la place des Ormeaux et l'hôtel de la sous-préfecture avait disparu, la ville restait mal approvisionnée d'eau potable, ce qui paraît étrange dans un pays où les sources abondent. En 1861 encore, les habitants du Foirail se plaignaient que l'eau de leurs fontaines eût « un goût fétide et nauséabond, faisant présumer que dans les aqueducs il y avait un animal en putréfaction ».

Sans doute, depuis 1835, Saint-Yrieix possédait un journal hebdomadaire, *Le Frelon*, qui s'appela plus tard l'*Echo*; sans doute, depuis 1854, la ville avait acquis une superbe horloge, qui fonctionne encore et surmonte le portail sud de l'église du Moustier (2); mais pour éclairer les rues, on ne comptait qu'un petit

(1) D'après M. Gédéon Agard, ancien maire de Saint-Yrieix. (Archives municipales).

(2) En 1844, le Conseil municipal, décidé à faire l'achat d'une horloge, s'adressa au sieur Potelune de Limoges, qui consentit à en fournir une pour la somme de 3.000 fr.; mais le marché ne tint pas. En 1846, on traita avec un autre horloger de Limoges, le sieur Morterol, qui installa, en effet, une horloge au Moustier, et à qui fut payé un acompte de 1.000 fr. L'horloge ne marchant pas, et Morterol refusant de la remplacer, un procès lui fut intenté par la ville. Ce procès dura huit ans, au bout desquels Morterol fut condamné à reprendre son horloge et à payer à la ville 2008 fr. 30 pour remboursement des 1000 fr. reçus par lui en 1846, et le surplus pour dommages-intérêts. Enfin, en 1854, nouvelles négociations avec le sieur Wagner, horloger à Paris, qui fournit l'horloge actuelle moyennant la somme de 3.000 fr. (Archives municipales).

nombre de réverbères, achetés en 1859 avec le produit d'une souscription; et pour assurer la distribution des lettres dans toute la commune, l'une des plus étendues de France, il n'y avait que deux facteurs.

Déjà on parlait d'établir une garnison, mais on était encore sans poste télégraphique ni chemin de fer. Sur ce dernier point, les autorités locales étaient réduites à formuler des vœux qui se renouvelaient souvent et ne se réalisaient jamais.

L'industrie et le commerce avaient progressé. Les carrières de kaolin situées dans le voisinage étaient de plus en plus exploitées. La manufacture de porcelaine de La Seynie et la forge de Baudy paraissaient toujours aussi actives. D'autres industries, brasserie, fabrication des droguets, toiles, gros draps, chandelles, étaient représentées par six établissements assez importants.

Quant aux foires, dont la plus importante était celle dite du « Grand Samedi » (samedi qui précède le samedi d'avant le carnaval), créée en 1836, elles gardaient leur prééminence dans la région. Egalant souvent les foires de Périgueux, elles n'étaient surpassées que par celles de Limoges.

D'ailleurs, sous beaucoup de rapports, le passé était demeuré intact. C'est ainsi qu'il n'y avait pas d'abattoir, et que bon nombre de bouchers, comme en plein moyen-âge, égorgeaient leurs bêtes devant la porte de leur maison.

De même, dans certains quartiers, s'était conservé

l'antique usage d'exposer les cercueils des morts sur un banc de pierre, au milieu de la place publique, et de les y abandonner complètement des heures entières en attendant l'arrivée du clergé.

Enfin l'église du Moustier, monument le plus remarquable de la localité, restait en partie masquée par des constructions ignobles « qui s'y trouvaient adossées, et qui nuisaient à l'édifice en corrodant les murs par l'urine et les excréments des animaux qu'on y logeait » (1).

Les écoles de Saint-Yrieix en 1860 — Parmi les progrès accomplis depuis 1789, l'un des plus satisfaisants et des plus visibles était celui de l'instruction publique.

Quatre établissements étaient spécialement destinés aux garçons : le « Collège » ou institution secondaire *Poncet*, l'institution primaire *Daudy*, l'école communale des *Frères* et l'école élémentaire privée établie par *M. Couturon*, dans la rue des Barris.

Pour les filles et les tout jeunes enfants des deux sexes, il y avait :

1º Deux écoles laïques libres, l'une dirigée par *M*lles *Mazabraud* et située rue de l'Aiguillette; l'autre installée rue Pardoux-Bordas, sous la direction de *M*me *Gérald*;

2º Depuis 1836, une « Maison d'éducation avec

(1) D'après M. Gédéon Agard (Archives municipales).

pensionnat pour les jeunes personnes aisées et pauvres »
subventionnée par la ville, située place des Hors, et
dirigée par des *Sœurs du Verbe Incarné d'Azérables*;

3º Depuis 1847, une salle d'asile communale et un
orphelinat, établis place des Plaisances et dirigés
par des *Sœurs de la Présentation de Tours*;

4º Enfin, depuis 1852, une école primaire communale,
située aussi place des Plaisances et dirigée également
par des *Sœurs de la Présentation.*

Entre ces divers établissements, la rivalité était souvent
ardente, et elle ne se produisait pas toujours uniquement
de laïques à congréganistes. On sait l'antagonis-
me qui animait l'une contre l'autre les deux institutions Poncet et Daudy; entre congréganistes, la lutte
n'était pas moins acharnée.

Ainsi, en 1856, l'école du Verbe incarné s'étant
plainte de la « redoutable concurrence que lui faisait
l'école communale gratuite dirigée par les Sœurs de la
Présentation, M. Massy, maire, fut chargé d'examiner
s'il ne conviendrait pas de confier la direction de
l'école communale de filles aux Sœurs du Verbe Incarné » (1).

Revenons maintenant au projet de transformation
de l'institution Poncet en Collège communal.

(1) Archives municipales.

L'érection d'un collège communal est décidée   C'est le 14 septembre 1859 que le Conseil municipal de Saint-Yrieix fut appelé à se prononcer sur cette importante question. Voici le compte-rendu de la séance qu'il tint à cette occasion (1) :

« Présents : MM. J.-B. Massy, maire; A. Valette-Chapetias; A. Mazard, ancien maire; A. Villemoneix, propriétaire; E. Laprade, cafetier; J.-B. Roux, huissier; A. Rebeyrol, propriétaire; A. Bosvieux, médecin, V. Papel, avoué; L. Médard, propriétaire; E. Imbert, notaire; Gédéon Gondinet, médecin; Roch Bonhomme, avocat, secrétaire de la séance.

» *M. Massy* expose l'objet de la réunion. La ville de Saint-Yrieix possède depuis nombre d'années un établissement d'enseignement secondaire. Cet établissement, qui a rendu de grands services à la cité, est appelé à lui en rendre de bien plus grands encore.

» La fréquence des changements de Directeurs et de Professeurs a inspiré de sérieuses inquiétudes pour l'avenir d'un établissement si utile à Saint-Yrieix.

» Les familles qui habitent non seulement la cité, mais encore les diverses communes de l'arrondissement, celles qui habitent les arrondissements limitrophes verraient avec plaisir s'organiser à Saint-Yrieix un établissement stable, patronné par le Gouvernement, qui en nommerait les fonctionnaires et assurerait

<hr>

(1) Archives municipales.

ainsi pour une longue durée à leurs enfants une éducation convenable.

» M. le Maire fait ressortir le haut intérêt qu'y trouverait le commerce local tant en raison des dépenses forcées du personnel de l'établissement que des voyages et séjours des pères de famille.

» Il termine en proposant l'érection d'un Collège communal que les habitants de la localité auront intérêt à soutenir de toute leur influence. Ensuite, il invite les membres qui auraient des observations à présenter à vouloir bien les faire connaître.

» Tous les membres reconnaissent l'intérêt de l'existence à Saint-Yrieix d'un Collège communal et approuvent complètement l'exposé présenté par M. le Maire.

Celui-ci pose ainsi la question sur laquelle il appelle le Conseil à se prononcer : « *Le Conseil est-il d'avis de demander l'érection à Saint-Yrieix d'un Collège communal ?* »

» *A l'unanimité, le Conseil décide que cette érection sera demandée à l'autorité compétente.* »

L'engagement quinquennal D'autre part, pour se conformer aux prescriptions de la loi du 15 mars 1850 (1), le Conseil, toujours à l'unanimité, prit l'engagement de subvenir pendant

(1) L'article 74 de cette loi est ainsi conçu : « Pour établir un Collège communal, toute ville doit satisfaire aux conditions suivantes : fournir un local approprié à cet usage et en assurer l'entretien, placer et entretenir dans ce local le mobilier nécessaire à la tenue des cours et à celle du pensionnat si l'établissement doit recevoir des élèves internes; garantir pour *cinq ans* au moins le traitement fixe du principal et des professeurs. »

cinq ans à toutes les dépenses que nécessiteraient l'érection et l'entretien du Collège communal, et, à cet effet, vota la somme annuelle de 5.000 fr.; décida qu'il serait perçu annuellement au profit de la caisse municipale la somme de 100 fr. par chaque élève externe, celle de 90 fr. par chaque demi-pensionnaire, celle de 65 fr. par chaque élève interne; enfin autorisa M. le Maire à passer bail pour cinq ans avec M. Bonnet-Lamonerie, banquier, propriétaire du local et du mobilier de l'école secondaire Poncet.

Ouverture du Collège — Pour rendre effectives ces diverses délibérations, bien des formalités étaient encore nécessaires. Elles durèrent plusieurs mois (1); de sorte que l'établissement ne s'ouvrit avec son nouveau titre de « Collège communal » qu'à la rentrée d'octobre 1860.

M. Poncet en fut le premier principal (2). Présenté par le Conseil municipal au choix du Ministre, il avait été agréé, bien que son peu de réussite comme chef d'institution ne semblât pas le désigner pour ses nouvelles fonctions.

(1) Le décret de fondation du Collège date du 21 juillet 1860.

(2) En vertu du décret du 4 juin 1809, précisé par celui du 22 janvier 1886, le Principal est assisté dans la direction de l'établissement par un Bureau d'Administration, composé de l'Inspecteur d'Académie, du Sous-préfet, du Maire, membres de droit, et de quatre autres membres, dont deux conseillers municipaux, nommés par le Ministre sur la proposition du Recteur.

**Principalat
de M. Poncet**

Chargé en même temps de la classe de huitième, M. Poncet eut d'abord pour collaborateurs *MM. Demay*, professeur de 4e et 5e et *Faure-Murel*, professeur de 6e et 7e.

Ainsi trois maîtres, un crédit de 5.000 fr. destiné à pourvoir non seulement aux traitements de ces trois maîtres, mais au loyer de la maison, du matériel et aux frais de distribution de prix ; enfin, une organisation ne comportant ni répétiteur, ni enseignement scientifique, ni langues vivantes, ni dessin, ni gymnastique, ni musique : voilà dans quelles conditions a été inauguré le Collège communal de Saint-Yrieix.

Ceux d'Eymoutiers et de Magnac-Laval, on se le rappelle, et celui de Saint-Junien avaient été à leurs origines tout autrement dotés (1):

En raison de ses faibles moyens, les vastes pensées étaient interdites au nouvel établissement. Pour le moment, on se bornerait à y faire du latin. Dans ses trois classes, on comptait réunir une cinquantaine d'élèves, dont 20 pensionnaires. Grâce à cet effectif, le produit de la rétribution collégiale serait assez élevé pour permettre d'envisager l'avenir avec sécurité. Et si des améliorations étaient nécessaires, ou bien l'Etat les prendrait à sa charge, ou bien il accorderait des sub-

---

(1) V. ci-dessus, page 21. La ville de Saint-Junien, vers 1829, avait fondé elle aussi un collège communal, et l'avait pourvu dès le début de sept professeurs. Il a été remplacé en 1881 par une Ecole primaire supérieure.

ventions qui rendraient ces améliorations peu onéreuses à la commune.

Malheureusement, dans tous ces calculs, si peu ambitieux qu'ils fussent, il y avait une part de chimères qui ne tarda pas à se révéler. Dès la première année, les comptes du Collège présentèrent un gros déficit.

D'un côté, en effet, les élèves étaient venus bien moins nombreux qu'on ne l'avait espéré; de l'autre, il avait fallu satisfaire à des dépenses nouvelles reconnues indispensables : traitements d'un Répétiteur, d'un Aumônier (1), augmentation des émoluments du Principal et des Professeurs.

Cette situation parut inquiétante au Conseil municipal, et une commission, composée de MM. *Auguste Abria*, *Charles Denuelle* et *J.-B. Roudaud*, fut chargée d'étudier les moyens d'y remédier. Voici ce qu'elle proposa.

Annexion de l'institution Daudy — On annexerait au Collège l'institution Daudy, toujours florissante et actuellement « en concurrence ». Un cours spécial de français serait établi au Collège sous la direction de M. Daudy, à qui on assurerait un traitement annuel de 1,600 fr. On achèterait le matériel

(1) Cet aumônier était un vicaire de la paroisse qui, deux fois par semaine, venait au Collège faire le catéchisme préparatoire à la première communion. En 1880, la Commission du budget (rapporteur M. Evariste Mazeaud) décida de supprimer le traitement de l'aumônier à partir du 1er janvier 1881, sous condition que les enfants autorisés par leurs parents à suivre les exercices du catéchisme y seraient conduits par un maître de l'établissement.

de sa pension et on lui verserait, tant comme prix de cette acquisition qu'à titre d'indemnité « pour la suppression de son industrie » une somme de 4.000 fr. payable en quatre annuités.

M. Daudy accepta les offres qui lui furent faites et, à partir du 30 septembre 1861, il se trouva réinstallé dans les fonctions qu'il avait autrefois exercées au Collège (1).

Cette annexion de l'établissement Daudy avait rencontré une assez vive opposition de la part d'une fraction importante du Conseil municipal et du public arédien.

Sans manifester aucun sentiment hostile à M. Daudy, beaucoup de gens pensaient que la cessation de sa concurrence n'aurait point les résultats attendus, et que l'achat de son institution était un sacrifice inutile. Certains disaient même bien haut qu'il eût été préférable d'améliorer tout d'abord « l'organisation intérieure et le personnel du Collège, de réformer les abus... »

Mais tandis que les uns, attaquant ouvertement M. Poncet, déclaraient « que sa présence était un obstacle à la prospérité du Collège, et qu'elle était nuisible aux intérêts de la commune », d'autres soutenaient que la principale cause du malaise de l'établissement était le peu de sollicitude dont l'entouraient divers membres du Conseil municipal, lesquels « avaient été les premiers à donner l'exemple de la défiance en plaçant leurs enfants

1) Voir ci-dessus, page 60.

soit dans les lycées, soit dans les petits séminaires (1) ».

Quelle que soit la valeur de ces différentes allégations, les faits donnèrent raison aux pessimistes. Le Collège continua de languir. En juin 1862, quand M. Poncet en passa la direction à *M. Benoît*, il n'y avait plus que 35 élèves, savoir : 4 pensionnaires secondaires, 5 pension naires primaires et 26 externes.

Principalat de M. Benoît

Dans une lettre qui est à citer tout entière, M. Benoît, s'adressant au Conseil municipal, lui dépeignait ainsi l'état du Collège au moment de son entrée en fonctions.

« Je n'ai trouvé dans l'établissement rien de ce qui constitue sérieusement un Collège.

» Et d'abord, le local. Les bâtiments, placés dans un site admirable, sont-ils néanmoins convenables et dignes de vos enfants? Présentent-ils les garanties de surveillance, de salubrité et de sécurité que les familles ont le droit d'exiger et qui décident d'ordinaire le choix de la mère qui se sépare de son enfant? Je ne le crois pas.

» En second lieu, le matériel; quel matériel avons-nous? Il n'existe pas de mobilier scientifique, et le mobilier usuel se compose en grande partie de débris et de ruines.

(1) Archives municipales, séance du Conseil du 1er février 1862.

» En troisième lieu, l'enseignement. Sur ce point, j'insiste particulièrement. L'enseignement est incomplet. Vos classes de latin sont ce qu'elles peuvent être; mais vos cours spéciaux d'enseignement primaire n'atteignent pas le but que vous vous proposez. Ainsi constitués, ils n'existent pour ainsi dire que de nom.

» Des enfants à tous les degrés d'instruction, de tous les âges, depuis l'enfant de 5 ans, qui ne sait pas lire, jusqu'au jeune homme de 19 ans qui va entrer dans le monde, sont réunis dans une même classe, sous un même maître. Là où il faudrait plusieurs professeurs, nous n'en avons qu'un seul. Quels que soient d'ailleurs son habileté et son zèle (et je me plais à rendre justice ici à l'activité et au dévoûment de M. Daudy) un seul maître ne peut suffire à des besoins si variés et si difficiles....

» Cet état de choses a dû écarter de notre collège un grand nombre d'enfants. Il importe donc de le modifier et au plus tôt.

» Or ici, Messieurs, le principal est impuissant; jugez-en vous-mêmes. Pour nourrir pendant un an neuf pensionnaires, il touche une somme de 2.510 fr. Sur cette somme, il faut prendre la nourriture, l'entretien et les gages de deux domestiques, le chauffage, l'éclairage et une foule de dépenses accessoires qu'on ne prévoit pas.

» Ce résultat, Messieurs, dispense de commentaires : il est dérisoire, il est désespérant; il menace le principal de la misère; il lui interdit par conséquent de tenter par lui-même aucune des améliorations si désirables et si urgentes.

» C'est donc à vous, Messieurs, que j'ai recours, et je vous demande : 1° de nommer une commission chargée de visiter et d'examiner attentivement le bâtiment et le matériel; d'ordonner les réparations, appropriations et acquisitions jugées nécessaires; d'établir, par exemple, une lingerie, un vestiaire, une cordonnerie, une fontaine-lavoir, et pour cela il suffira de quelque. feuilles de zinc et de quelques planches; de disposer une salle à peu près convenable pour le cabinet du principal, avec bureau et casiers;

2° De créer, à côté et en dehors des cours spéciaux proprement dits, une école primaire élémentaire pour les plus jeunes enfants; de voter pour le maître qui en sera chargé une somme de 1,000 fr., de voter une seconde somme de 500 fr. pour le maître d'étude;

3° De m'autoriser à refaire le prospectus, à fixer le taux de la pension alimentaire, tous frais accessoires restant en dehors, à la somme de 400 fr. et à limiter la rétribution collégiale des pensionnaires primaires à 30 francs.

» Par son importance et sa position topographique, votre ville est un centre on ne peut plus favorable. Un collège bien installé et largement subventionné ne saurait manquer de réussir à Saint-Yrieix. Vous ne reculerez pas devant des sacrifices qui doivent amener le succès.

» Ma situation en ce moment est déplorable, et, vous

le savez, je ne l'ai pas méritée. Aidez-moi, fournissez-moi les instruments, je saurai m'en servir, j'ose l'espérer du moins. La tâche est rude, je n'y faillirai point. Tout ce que je puis avoir d'activité, de dévoûment et d'expérience je le mets dès à présent au service de vos enfants. »

M. Benoît obtient satisfaction

Ce long cri de détresse, cet éloquent et pressant appel ne pouvait manquer d'être entendu. Sur tous les points, M. Benoît obtint satisfaction.

Un devis estimatif des réparations urgentes à effectuer au Collège fut dressé par *M. Piotrowski*, agent-voyer. Il s'éleva à 1,661 fr. 76. On décida de laisser ces réparations à la charge de M. Lamonerie, qui accepta sous condition que la ville lui paierait un supplément de loyer égal à 5 % du chiffre des réparations exécutées (1).

Une deuxième chaire de cours spéciaux primaires fut créée, à partir d'octobre 1862, et confiée à *M. Gustave Daudy*, fils du maître de la 1re chaire.

Un crédit de 550 fr. fut voté en vue d'acquérir divers objets mobiliers tels que couvertures, lampes tables, bancs, chaires de professeurs, lavabo pour le dortoir.

---

(1) C'est alors qu'on installa les deux premières classes de latin au premier étage du corps de bâtiment situé entre le pensionnat et l'ancienne école mutuelle. Le rez-de-chaussée continua à servir de bûcher (V. le plan).

Enfin, on décida de rédiger un nouveau prospectus, où seraient énumérées les améliorations introduites au Collège, « tant sous le rapport matériel qu'au point de vue de l'instruction », et auquel on donnerait la plus grande publicité.

Le Collège se relève

Ces différentes mesures allaient avoir les plus heureux résultats. Dès le mois de décembre de cette même année 1862, le Conseil municipal constatait avec satisfaction que le nombre des élèves du Collège était passé de 35 à 80, dont 30 pensionnaires; et à cette occasion, il rendait un chaleureux « hommage au zèle, à la capacité et au dévoûment de M. Benoît » (1).

A cette époque d'ailleurs se produisit un évènement qui, bien qu'extrêmement fâcheux et triste en lui-même, devait profiter dans une certaine mesure au Collège, en raison du discrédit momentané qu'il jeta sur un établissement concurrent.

Depuis 1853, on l'a vu, l'école communale de Saint-Yrieix était dirigée par les *Frères de la Doctrine chrétienne*, et installée dans le local occupé actuellement par l'école du centre de la ville, près de la place du Marché.

Dans la séance du 14 mars 1863, M. François Gondinet, maire de Saint-Yrieix « exposa au Conseil mu- »nicipal qu'il l'avait réuni afin de prendre son avis sur

(1) Les élèves de M. Benoît le trouvaient sévère et exigeant (D'après M. Camille Abria et M. J. D.-Lavaud).

» les mesures à adopter relativement à l'école des Frères.
» Il dit en termes vivement sentis que le F. supérieur
» de cette école avait pris la fuite à la suite d'actes
» infâmes qui avaient causé dans la ville le plus scan-
» daleux émoi; que ce Frère était sous le coup d'un
» mandat d'amener et qu'il était urgent de prendre tou-
» tes les mesures relativement à l'école qu'il dirigeait... »

Laïcisation de l'Ecole communale de garçons — Sur ce, « considérant qu'il était
» impossible désormais que l'ins-
» truction des enfants restât con-
» fiée aux Frères de la Doctrine Chrétienne; qu'ils
» avaient forcément perdu toute estime comme toute
» autorité; que toute discipline avait disparu de leur
» établissement; qu'une satisfaction immédiate était
» due à l'indignation et à la pudeur publiques; qu'il
» devenait indispensable de substituer l'enseignement
» laïque à l'enseignement congréganiste...., le Conseil
» municipal, à l'unanimité, fut d'avis qu'il y avait lieu
» de fermer immédiatement l'école des Frères, et invita
» le Maire à s'entendre avec l'autorité supérieure afin
» que l'enseignement fût confié à des instituteurs
» laïques ».

En outre, une commission, composée de MM. J.-B.
Roudaud, V. Papel et D.-Lavaud, fut chargée d'examiner s'il ne conviendrait pas de joindre l'école communale au Collège.

Cette commission déclara qu'il serait désirable, sans
doute, que l'école primaire pût être réunie au Collège,

sous la même direction et dans le même local, mais que, vu l'insuffisance des constructions et l'urgence à rouvrir l'école communale, il y avait lieu d'ajourner toute discussion sur cette adjonction.

En conséquence, l'école communale laïcisée resta installée dans les locaux de l'ancien hôpital Saint-Alexis.

Situation florissante du Collège Il n'en est pas moins vrai qu'en cette année 1863, le nombre total des élèves du Collège approcha de la centaine (1), dont 31 pensionnaires. Ces chiffres n'avaient pas été atteints depuis longtemps; ils ne devaient l'être de nouveau que de nos jours.

Cette même année, l'Etat ayant pris à sa charge la première chaire de latin, et d'autre part, un poste de régent d'enseignement primaire, chargé en outre des mathématiques dans les classes secondaires, ayant été créé, le budget du Collège pouvait s'établir ainsi :

(1) Diverses personnes, élèves à cette époque, affirment que la centaine fut dépassée. Nous n'avons pas trouvé de document établissant ce fait d'une façon catégorique.

Dépenses :

Traitements du personnel.

MM.

Benoît, principal et professeur de 8^e	1.800	»

Benoît, principal et professeur de 8e .... 1.800 »
Tonduf, aumônier.......................... 200 »
Rouilleau, professeur de 4e et 5e............ 1.400 »
Camlong, professeur de 6e et 7e............. 1.200 »
Vallée, professeur de Math. et C. spéciaux.... 1.200 »
Daudy Ferdinand, professeur C. spéc. et écr. 1.600 »
Daudy Gustave, profes. C. spéc. (3e chaire) . 1.000 »
Deschamps, Maître d'étude................. 800 »
Autres dépenses {Loyer du local et du matér. 1.200 »
{Frais de distribut. de prix. 200 »

Total des dépenses............ 10.600 »

Recettes :

Produit de la rétribution collégiale.......... 4.100 »
Subvention de l'Etat (chaire de 4e et 5e)..... 1.400 »
Allocation de l'Etat (éventuelle)........... 800 »
Subvention de la ville............... 4.300 »

Total des recettes........... 10.600 »

Du tableau ci-dessus, il ressort qu'à un moment de remarquable prospérité, le Collège coûtait annuellement 4.300 fr. à la Ville.

Le Collège trouvé trop coûteux Beaucoup de conseillers municipaux trouvaient extraordinaire qu'un établissement réputé florissant, puisqu'il comptait près de cent élèves (1), ne réalisât pas sans le secours d'une subvention une recette capable d'équilibrer sa dépense.

Quelques-uns, à qui le Collège apparaissait comme une sorte d'entreprise commerciale, s'étonnaient qu'il coûtât de l'argent alors que, d'après eux, il eût dû en rapporter.

D'autres s'effrayaient de ce qui serait advenu si l'établissement n'avait pas eu à sa tête un administrateur habile comme l'était M. Benoît.

Enfin un certain nombre pensaient qu'à l'expiration de l'engagement quinquennal il serait bon d'examiner si l'intérêt bien compris des finances de la commune ne s'opposait pas à ce que cet engagement fût renouvelé.

Or, l'époque de ce renouvellement approchait. S'effrayant peut-être des obstacles qu'il voyait poindre à l'horizon; inquiet d'ailleurs de la diminution sensible survenue dans le nombre de ses pensionnaires (18 au lieu de 31), M. Benoît, malgré l'estime et la sympathie dont il jouissait à Saint-Yrieix, demanda son changement. Il fut nommé au collège de Saumur; et l'on désigna pour le remplacer d'abord *M. l'abbé Roques*, qui ne fut pas installé, puis *M. Vielcazat*.

---

(1) Sous le principalat de M. Benoît, le nombre des externes s'éleva à 67, chiffre qui n'a jamais été atteint depuis. (Archives du Collège, année 1863).

Principalat de M. Vielcazat — Ancien chargé de cours de physique au lycée de Nevers, M. Vielcazat, dès son entrée en fonctions, donna de son caractère et de ses capacités professionnelles une opinion avantageuse, qui allait lui permettre de maintenir plusieurs années le Collège dans la situation fort satisfaisante où il l'avait trouvé.

Une première difficulté mit à l'épreuve ses qualités administratives : ce fut le renouvellement de *l'engagement quinquennal* contracté en 1860.

Au sein du Conseil municipal, on le sait, une opposition sérieuse s'était dessinée contre le renouvellement de cette convention, qui était jugée beaucoup trop onéreuse pour les finances de la commune.

Plusieurs conseillers demandaient que l'on revînt à l'ancien système, celui d'une institution privée subventionnée par la ville.

Sans doute, en face de ces opposants se dressait le groupe compact des partisans du Collège, déterminés à tous les sacrifices pour en assurer le maintien. Néanmoins, l'œuvre de 1860 paraissait fortement menacée, quand très heureusement il se trouva pour la défendre un homme dont la parole toujours écoutée s'éleva à cette occasion jusqu'à la véritable éloquence : c'est M. Bonnet-Lamonerie lui-même, alors adjoint au maire de Saint-Yrieix.

Voici presqu'en son entier le discours qu'il adressa au Conseil municipal dans la séance du 19 juin 1865 :

M. Lamonerie et l'engagement quinquennal « Messieurs, est-il utile pour la ville de Saint-Yrieix de posséder un établissement secondaire ? Peut-on espérer d'avoir, en dehors d'un Collège communal, un établissement privé qui réponde aux besoins du pays ?

» Dans l'état actuel de notre société, avec les besoins d'instruction qui vont toujours croissant, il est certainement très avantageux d'avoir au milieu de nous une maison où l'on puisse faire à peu de frais les premières études classiques.

» L'instruction n'est pas seulement pour les familles riches; tout le monde y aspire, et tout le monde ne peut pas aborder, dès les premiers pas, l'enseignement dispendieux des lycées.

» La population de la ville et des environs est suffisante pour alimenter au chef-lieu une maison d'instruction secondaire. Depuis plus de 50 ans, les conseils municipaux, mûs par ce sentiment d'utilité publique, ont accordé des subventions plus ou moins élevées et en rapport avec les ressources budgétaires de chaque année.

» Pour satisfaire à ce besoin général et impérieux, le Conseil municipal, il y a cinq ans, demanda et obtint la création d'un Collège communal qui offre, sans contredit, plus de garanties de stabilité pour l'établissement lui-même, plus de garanties morales pour la capacité et les connaissances variées que doivent avoir le

Chef et les Professeurs chargés de distribuer les diverses parties de l'enseignement.

Aujourd'hui, les choses marchent à la satisfaction des pères de famille, le personnel ne laissant rien à désirer.

» Sans doute, pour arriver à ce résultat, il a fallu des sacrifices, comme pour créer toutes choses........

» Un établissement privé, avec une subvention de la commune est désormais impossible : il ne faut pas y songer. Vous ne trouveriez pas un membre du corps enseignant, ayant quelque valeur, qui voulût courir les chances d'acheter un matériel, de louer un local, de chercher des collaborateurs dignes de le seconder.

» Cette dernière difficulté est à mes yeux la plus grande, parce que les jeunes gens instruits ont aujourd'hui une foule de carrières qui s'ouvrent à eux moins pénibles et plus lucratives que celles de l'enseignement en dehors des établissements publics.

» Votre subvention ne pourrait être qu'annuelle, et votre chef d'institution aurait toujours à craindre de la voir réduire et même supprimer, ce qui ne manquerait pas d'arriver, pour peu qu'il réussît.

» Ma conviction profonde est donc, si vous n'avez pas de Collège communal, que vous serez réduits à une école primaire, à une école de village.

» Vous me direz peut-être : nous avons un précédent de vingt années; de 1833 à 1852, le pensionnat a prospéré avec une faible subvention de la commune.

» Mon Dieu ! Messieurs, quelque répugnance que

j'éprouve à vous parler de moi, je vous répondrai :
Les temps sont changés. Pendant plusieurs années,
en effet, l'on a bien voulu se contenter de mon peu de
mérite; mais aujourd'hui l'on est plus exigeant.

» Ainsi, vous demanderiez un chef d'institution
ayant des grades universitaires que je n'avais pas, et
ce chef aurait peine à trouver des collaborateurs comme
ceux que j'avais, qui eux-mêmes seraient aujourd'hui
jugés insuffisants.

» Comment trouver, en effet, des jeunes gens ayant
de l'instruction, qui voudraient consentir à être en
même temps professeurs et maîtres d'étude, soumis à la
discipline et au régime des écoliers, pour recevoir un
traitement de 3, 4 ou 500 fr., ce que gagnent vos can-
tonniers et vos gardes-champêtres ?

» Pour moi, Messieurs, si j'ai un peu réussi, et à une
époque plus favorable, cela a tenu à ce que j'étais en
quelque sorte du pays, et que je m'y étais créé de puis-
santes influences de famille. Cela a tenu aussi à la stricte
économie que j'ai apportée dans toute ma gestion.

» Mais voyez comme un établissement privé offre
peu de chances de succès et de durée ! Mon prédécesseur (M. Lafont), homme instruit et capable assurément,
fut réduit à quitter la ville presque en fugitif, après
dix-huit mois d'exercice. Mon successeur (M. Léyssen-
ne) malgré son savoir et son savoir-faire, ne put tenir
que 2 à 3 ans. Celui qui vint ensuite (M. Poncet)
aurait aussi sombré bien vite sans la transformation
en Collège communal......

» Messieurs, plusieurs d'entre vous ont fait leurs premières études dans ce petit Collège de Saint-Yrieix, bien modeste de votre temps, mais qui s'est transformé heureusement; qui a un personnel de professeurs plus nombreux, plus instruits, plus propres en un mot à inspirer confiance aux familles.

» Des liens d'affection, je n'en doute pas, vous attachent à cette maison qui a été, si je puis dire, *votre second berceau.*

» Eh bien ! nul d'entre vous ne viendra en proposer la destruction. Vous chercherez, au contraire, à fortifier cet établissement, précieux à plus d'un titre, et qui ne peut se maintenir, il ne faut pas se le dissimuler, qu'avec un secours communal.

» D'ailleurs, avec une institution privée, quelle subvention donneriez-vous ? Pas moins de 2.000 francs, sans doute; j'ai même entendu avancer le chiffre de 3.000 francs. Le Collège actuel vous en coûte environ 4.000.

» Quoi ! pour économiser 1.000 francs, vous courriez la chance d'avoir ou de n'avoir pas un Collège quelconque, de confier l'éducation de vos enfants au premier aventurier venu, qui viendrait ici faire des dupes chez la plupart des fournisseurs ? Vous détruiriez un établissement qui fonctionne bien, reposant sur des bases solides, qui ne peut que s'améliorer et, par suite, alléger les charges de la Commune ? Vous manqueriez à l'engagement que vous aviez pris envers M. Daudy, dont vous avez détruit l'institution, à qui vous avez acheté un matériel dont vous ne sauriez que faire ? Vous renverseriez un ouvrage dispendieusement commencé et dont vous allez recueillir les fruits ? Vous vous mettriez au-dessous des chefs-lieux de canton, Magnac-Laval, Saint-Junien, Eymoutiers, qui ont des Collèges communaux ?

» Non, Messieurs, cela n'est pas possible : vous ne donnerez pas la preuve d'une pareille versatilité (permettez-moi le mot); ce ne serait ni sérieux, ni sensé. Les ruines que vous feriez en un jour vous causeraient plus tard de longs regrets. »

Une cause ainsi plaidée méritait d'être gagnée. Elle le fut : les conseillers municipaux votèrent l'engagement quinquennal *à l'unanimité.*

L'enseignement secondaire spécial M. Vielcazat eut ensuite à se préoccuper de l'organisation d'un enseignement nouveau connu sous le nom d'*Enseignement secondaire spécial.*

Créé par la loi du 21 juin 1865, œuvre du ministre *Victor Duruy,* cet enseignement excluait le grec et le latin et se donnait pour but de préparer les jeunes gens aux carrières industrielles et commerciales.

Plus utilitaire que l'enseignement classique, il comprenait les sciences appliquées, la langue et la littérature française, les langues vivantes, l'histoire, la géographie commerciale, la législation, l'économie industrielle et rurale.

SAINT-YRIEIX. — Intérieur de l'Église du Moustier

En vue de l'adapter aux besoins de chaque région et, par suite, de faciliter le recrutement des élèves, un *Conseil de perfectionnement* fut institué auprès de chaque Collège. Ce conseil, présidé par le Maire, devait être composé de cinq membres choisis parmi les plus honorables industriels, commerçants ou agriculteurs de la contrée. Il devait prendre plus tard, vers 1884, le nom de *Comité* de patronage.

La mise en pratique de l'enseignement spécial, prescrite à partir d'octobre 1866, n'entraîna au Collège de Saint-Yrieix aucun changement bien profond.

Les programmes se répartissaient sur cinq années d'études. Deux années seulement furent d'abord organisées sous la direction de MM. *F. Daudy* (1re et 2e années, lettres) et *Vallée* (1re et 2e années, sciences). L'ancienne 3e chaire de cours spéciaux primaires, confiée en 1864 à *M. G. Daudy*, fut intitulée *classe primaire* et compta plusieurs divisions ou sections.

Quant au Principal et aux deux autres Professeurs, ils continuèrent à se partager les élèves de latin, depuis la 8e jusqu'à la 4e inclusivement.

Cabinet de physique — L'application du programme scientifique de l'enseignement spécial nécessitait l'emploi d'appareils de physique et de chimie. A différentes reprises, l'Etat alloua des sommes assez importantes destinées à l'achat de ces appareils : 500 francs, par exemple, en 1866.

De plus, quelques personnes qui s'intéressaient à cet

enseignement, firent don au Collège d'instruments pouvant y servir. En 1869 notamment, un lot d'instruments de chimie d'une valeur de 100 francs fut offert par *M. Charles Denuelle*, fabricant de porcelaine (1). Et c'est ainsi que peu à peu le cabinet de physique parvint à se constituer.

Résultats satisfaisants Bien que le nombre des élèves fût en légère décroissance, l'énergique impulsion donnée aux études par M. Benoît ne s'affaiblit pas sous M. Vielcalzat. Plusieurs délibérations du bureau d'administration en fournissent la preuve et signalent les efforts tentés par le Principal pour élever le plus possible le niveau de l'enseignement.

Au surplus, des résultats importants et tangibles venaient de temps en temps montrer que ces efforts étaient bien réels.

Deux élèves de l'enseignement spécial furent admis dans de très bonnes conditions à l'Ecole des Arts et Métiers, et, comme au temps de MM. Lamonerie et Leyssenne, on vit plusieurs de leurs camarades des classes de latin se placer au premier rang dans les lycées et collèges où ils allèrent terminer leurs études.

Cette prospérité relative se maintint jusqu'en juillet 1870, et rendit facile le renouvellement du contrat quinquennal, qui fut voté sans la moindre opposition.

(1) Archives municipales.

L'année terrible
Mais bientôt allaient éclater les malheureux évènements qui ont marqué la période 1870-1871, si cruelle à la France pour tant de raisons !

A ces malheurs, d'un caractère général, et dont la répercussion se fit sentir dans tous les organismes du pays, s'en ajoutèrent d'autres qui frappèrent plus spécialement le Collège de Saint-Yrieix et l'atteignirent en quelque sorte dans ses œuvres vives.

Deux de ses maîtres les plus anciens et les plus estimés, MM. Daudy et Vallée, moururent, vers la fin de 1870, à un mois d'intervalle.

Brusquement, le nombre des élèves tomba à 49. Au début de 1871, il n'y avait plus que 8 pensionnaires. Aussi, pour cette même année, la subvention communale dut être portée au chiffre jusque-là inconnu de 5019 francs.

La situation devenait périlleuse; on lui chercha un remède. Le seul qu'on trouva fut une réduction du personnel des maîtres.

Réduction du personnel
Il fut décidé, sur la proposition même de M. Vielcazat, que M. Daudy ne serait pas remplacé, et qu'un seul professeur enseignerait à la fois les lettres et les sciences aux élèves de l'enseignement spécial.

Mais cette mesure, destinée surtout à alléger les charges de la ville, n'était qu'un expédient regrettable;

les études en souffrirent et avec elles le prestige de l'établissement, dont le déclin s'accentua encore davantage.

Découragé, M. Vielcazat sollicita un autre poste; il fut nommé au collège de Marmande et quitta Saint-Yrieix en octobre 1871, emmenant avec lui quelques-uns de ses rares pensionnaires. *M. Raffy* le remplaça·

En 1872, le personnel du Collège était ainsi constitué :

MM.

Raffy, Principal, Professeur d'histoire et géographie;
Lelong, aumônier;
Joubert, Professeur de 4e et 5e;
Pigasse, Professeur de 6e et 7e;
Button, Professeur d'enseignement spécial;
Guérineau, Professeur de la classe préparatoire;
Deyports, Maître d'étude.

Principalat de M. Raffy

Durant les trois années qu'il a administré le Collège, M. Raffy a dû lutter contre de multiples causes d'insuccès qui, sans être nouvelles pour la plupart, ont été d'autant moins faciles à vaincre qu'elles ont revêtu sous son principalat un caractère tout spécial de gravité.

Nombreuses causes d'insuccès

La première résidait dans les défectuosités par trop évidentes du local occupé par le Collège. Peu approprié à sa destination, du moins dans la partie réservée aux classes; mal entretenu, dépourvu de tout aspect avantageux, il semblait n'être plus de son temps. A vrai dire, il n'avait qu'un seul mérite : celui d'être situé sur un des points les plus agréables et les plus salubres de la localité. Or, aux yeux des familles, cela n'était pas suffisant.

La seconde était le lamentable état du mobilier scolaire.

Dans un inventaire dressé en 1865, un lot d'objets, encore en usage en 1874 et comprenant 3 tables d'étude, une chaire de professeur et un tableau noir, était estimé *en tout* 25 *francs* !

Maîtres trop souvent changés La troisième consistait dans la déconsidération jetée sur l'établissement par la réduction du nombre des maîtres, par le manque d'énergie, d'expérience, d'autorité, de tenue, de dévoûment de plusieurs d'entre eux, et surtout par le désarroi résultant de leurs trop fréquents changements.

C'est ainsi que de 1872 à 1874, la classe préparatoire changea *trois fois* de professeur, celle de 6e et 7e *trois fois* également. Pendant l'année 1875, les divers services du Collège qui, ensemble, comptaient normalement *six maîtres*, en virent passer *douze*. Beaucoup de familles, souvent bien à regret, retirèrent leurs enfants rien que pour cette dernière raison.

Concurrence
des autres
établissements

La quatrième cause était la facilité des communications avec Limoges et Brive, réalisée récemment grâce à la construction de la voie ferrée de Paris à Toulouse. Bien que le lycée de Limoges fût à 40, et le collège de Brive à 60 kilomètres de Saint-Yrieix, bon nombre d'élèves s'y dirigeaient, dans l'espoir de trouver une organisation meilleure et une préparation plus sérieuse aux divers examens.

Enfin, une dernière cause, que l'on peut rattacher à la précédente et qui vaut d'être signalée, c'est le regain de faveur dont, à cette époque, semblent avoir bénéficié, dans les milieux bourgeois, la plupart des établissements ecclésiastiques, au détriment d'un grand nombre de Collèges.

Ainsi, la même année 1874 qui voyait le déclin des collèges communaux de Saint-Yrieix, d'Eymoutiers, de Saint-Junien, et la fermeture de celui de Magnac-Laval, vit aussi l'éclatante prospérité du petit séminaire du Dorat, devenu dès sa fondation, vers 1819, leur très actif concurrent.

Sans-gêne
et indiscipline

A toutes ces causes d'insuccès s'en ajoutaient d'autres sur lesquelles il serait peut-être délicat d'insister, mais qu'on ne peut néanmoins passer sous silence. Il s'agit de l'indiscipline des élèves et des libertés excessives que divers maîtres s'arrogeaient à la faveur

du manque d'énergie ou de clairvoyance d'une direction inexpérimentée ou trop complaisante.

Par exemple, à une date qu'il n'y a pas lieu de préci-
ser, certain professeur de latin se faisait assez souvent
apporter son déjeuner par sa bonne pendant la classe;
et il en résulta, entre autres, l'incident ci-après dont
beaucoup d'anciens élèves ont conservé le souvenir.

Un matin, l'élève C..., à qui, du reste, cela arrivait
fréquemment, s'était fait expulser de la classe pour
indocilité et bavardage. Mais, comme d'habitude,
au lieu d'être immédiatement conduit ou signalé au
Principal, il se tenait derrière la porte et attendait
avec plus ou moins de patience qu'on lui permît de
rentrer.

Cette porte était une porte vitrée à laquelle man-
quaient les vitres des rangées inférieures : on les avait
remplacées par du papier.

Le professeur était en train d'expliquer un texte
aux quatre ou cinq élèves restants, quand tout à coup
l'un des carreaux en papier éclate sous une poussée et,
par l'ouverture, surgit la tête de l'élève C... : « Monsieur,
je rentre, s'il vous plaît ?... »

Cette apparition et cette prière présentée dans des
conditions si drôles, au lieu de mettre le professeur en
gaîté, le font sursauter de colère. Il se précipite vers la
porte, l'ouvre avec violence et saisit par les épaules... sa
fidèle Rosine qui lui apportait un bol de chocolat !..·
La pauvre fille est rudement secouée; le bol de chocolat lui tombe des mains et éclabousse le plancher avec

un grand fracas de porcelaine brisée. Quant à l'élève C....., il était déjà au fond du jardin (1).

Petit paradis de classe — Le sans-gêne, il est vrai, tout en restant le même, ne donna pas toujours lieu à des scènes aussi bruyantes ni aussi dramatiques. C'est ainsi que dans la classe de 6e et 7e, qui était celle des débutants latinistes, on connut les douceurs du *régime paternel* bien avant que d'illustres pédagogues en eussent démontré l'efficacité et les avantages.

Le professeur de cette classe, un vieillard, était, par sa grande expérience des choses de la vie, naturellement porté à l'indulgence. D'ailleurs ce brave homme qui, au cours de sa longue et pénible carrière, avait eu affaire à tant d'élèves de toute catégorie, médiocres ou mauvais peut-être plus souvent que bons, n'avait pas tardé à juger que, comparativement à ses devancières, sa petite classe de Saint-Yrieix était un vrai paradis.

De fait, parmi les cinq ou six élèves qui la composaient, il n'y avait pas à proprement parler de non-valeur : tout le monde était passable ou excellent. Aussi, dans cette classe idéale, réprimandes et punitions étaient-elles à peu près inconnues. En revanche, on y entendait de temps à autre des compliments tels que celui-ci : « Petit, ou je me trompe fort, ou tu seras un jour président de la République. »

(1) D'après M. Joseph Féral, maire de Coussac-Bonneval.

Le jeune C. C....., à qui ces paroles s'adressaient d'habitude, était, il faut en convenir, un sujet peu ordinaire: les leçons et les devoirs qu'on lui imposait, avaient beau être longs et difficiles, toujours les unes étaient sues sur le bout du doigt et les autres irréprochables. Comment s'étonner après cela que le vieux maître s'enthousiasmât et prédît à ce petit prodige un avenir qui, en somme, pouvait n'être pas irréalisable ?

Cela ne veut pas dire cependant que C. C... ne se trouvât jamais en défaut. C'est ainsi qu'en hiver, par les grands froids, ses engelures, qui nécessitaient chaque matin des soins longs et minutieux, l'obligeaient quelquefois à partir pour le Collège avec une demi-heure de retard et même davantage.

Si bien que lorsqu'enfin, légèrement penaud, il pénétrait dans la classe, ses camarades souriaient d'un air moqueur, et le professeur, malgré sa grande bienveillance, ne pouvait s'empêcher de lui faire les gros yeux. Mais, à moins de circonstances tout à fait exceptionnelles, aussitôt que le devoir de C. C... avait été examiné et sa leçon récitée, la réconciliation entre le maître et le disciple s'opérait d'elle-même et comme par enchantement.

Il est vrai que pour la rendre plus certaine et plus complète, C. C..., en politique profond qu'il était sous ses dehors candides, employait par surcroît un moyen qui réussissait toujours.

S'étant aperçu que le vieux maître avait un faible pour les marrons, il ne manquait pas, ce jour-là, d'en bourrer ses poches avant de monter au Collège. Durant la classe, ces marrons, incisés d'avance, passaient fort adroitement des poches de C. C... dans l'étage supérieur du poêle.

Au bout de vingt à vingt-cinq minutes, et non moins adroitement, ils en ressortaient cuits à point. Puis, dorés et croustillants sous leur enveloppe rembrunie, ils circulaient de main en main jusque sous les yeux du professeur qui, apprenant leur provenance, en acceptait sans façon lui aussi, tant pour échapper au supplice de Tantale que pour ne pas désobliger le futur « Président de la République ».

Voilà comment, dans ce petit paradis de classe, et sans qu'il fût indispensable d'interrompre la récitation de Lhomond ou l'explication du *De viris*, on était parfois encore en train de croquer les marrons quand retentissait le coup de cloche de la sortie (1).

La grève des externes D'autres fois, vers la même époque, s'organisait la grève des externes : c'est une entreprise que la faiblesse des effectifs encourageait et rendait facile. Voici de quelle façon elle se pratiquait.

Un certain jour, quand le temps s'annonçait beau, quatre ou cinq meneurs formant le *comité de la grève* tenaient, dans la matinée, un conciliabule où l'on déci-

---

(1) D'après M. C. C..... lui-même, aujourd'hui professeur agrégé dans un grand lycée de Paris, à qui nous nous permettons, à notre tour, de prédire que s'il continue de refuser à la politique ce qu'il a si largement accordé à la pédagogie, il lui faudra, quoi qu'il lui en coûte peut-être, renoncer à l'Elysée.

dait qu'il n'**y** aurait pas classe le soir pour les externes, et qu'ensemble on irait se promener à la campagne. Puis rendez-vous était donné à tout le monde en un point déterminé de la banlieue.

Quand approchait l'heure de la classe du soir, de peur qu'au dernier moment il ne se produisît quelques défaillances, deux délégués du comité se postaient au pied d'un arbre, sur la place du Foirail, et surveillaient les abords du Collège, de manière à arrêter quiconque ferait mine de manquer au rendez-vous extra-muros fixé le matin.

Bien rares d'ailleurs étaient les dissidents; s'il **y** en avait, on les mettait *en quarantaine*, c'est-à-dire que, pendant quarante jours, on leur interdisait toute relation avec leurs camarades.

De sorte que, cette après-midi là, tandis que les externes cherchaient les nids ou cueillaient les noisettes dans les taillis du voisinage, les professeurs, qui n'avaient dans leur classe que les seuls pensionnaires, se voyaient, vu le nombre restreint de ces derniers, transformés bien réellement en précepteurs.

Quant à la direction, toujours timide et apeurée, elle fermait les yeux ou étouffait l'affaire par crainte du scandale. Les familles, ordinairement, n'en étaient informées que longtemps après; mainte *retenue et mise au pain sec* en était parfois la conséquence; mais comme, en général, les plus coupables en sortaient indemnes, la grève recommençait à la première occasion (1).

<hr>

(1) D'après M. François Dufour, professeur au Lycée de Périgueux.

Prinoipaiat de M. Izenio Lorsqu'en octobre 1874, *M. Izenic* succéda à M. Raffy, le Collège de Saint-Yrieix n'était plus que l'ombre de lui-même.

M. Izenic était le dernier principal du collège de Magnac-Laval récemment supprimé (1). Il y avait exercé en même temps les fonctions de professeur de mathématiques et de physique; cela n'empêche pas qu'une fois installé au Collège de Saint-Yrieix, il dut continuer le service de son prédécesseur, c'est-à-dire enseigner l'histoire et la géographie.

Assez âgé et de santé débile, M. Izenic s'employa avec courage à ses nouvelles fonctions; mais les résultats répondirent mal à ses efforts : les élèves ne vinrent pas. De sorte que, malgré la diminution des dépenses, le déficit s'accrut encore; pour l'année 1874, il approcha de 5900 francs.

Déficit croissant L'année suivante donna des résultats pires, ce qui ne semblait guère possible. Il est vrai que le nombre des élèves était tombé à 30, et celui des pensionnaires à cinq. Aussi le déficit atteignit-il presque

___

(1) Il a été transformé depuis en caserne d'infanterie. Les ouvrages historiques et littéraires, achetés avec les fonds de l'Etat pour le Collège de Magnac-Laval, furent concédés au Collège de Saint-Yrieix, et constituèrent un des éléments essentiels de la *Bibliothèque actuelle des Professeurs.*

6.000 francs soit environ 2.000 francs de plus qu'au temps de M. Benoît.

Et pourtant, le 25 avril 1875, quand sonna encore une fois l'heure solennelle du renouvellement de la convention quinquennale, *une seule main* se leva pour voter contre.

C'est qu'en dépit de sa quasi déconfiture, le Collège avait dans le Conseil municipal un groupe nombreux de partisans convaincus et fidèles. Tel, par exemple, M. *Alfred Bayle*, avoué, qui déclara « qu'on ne devait pas plus marchander les sacrifices à l'instruction secondaire qu'à l'instruction primaire, parce que c'est celle-là seule qui fait les gens éclairés et qui prépare aux carrières libérales, et que, du reste, le Collège, comme l'école primaire, est accessible à tous ».

Encore des économies Toutefois, en proclamant bien haut que le Collège devait être maintenu, M. Bayle ajouta qu'il fallait étudier les moyens d'opérer de sérieuses économies.

Diminuer encore les dépenses, était-ce bien possible ? M. *Henri Lemoyne* le démontra : « On pourrait, dit-il, supprimer les 500 francs alloués au Principal pour l'enseignement de l'histoire et de la géographie, et laisser à chaque Professeur le soin de faire aux élèves qui lui sont confiés les cours appropriés à sa classe. D'un autre côté, le Principal, tout en s'occupant de la direction générale de l'établissement, pourrait très bien remplacer le Professeur de 6e et 7e, payé actuellement 1.200 francs. En raison de ce surcroît de travail, le traitement fixe du Principal serait porté de 1800 à 2.000 francs. De cette manière, nous réaliserions une économie de 1500 francs.

Bien qu'elle dût se traduire par une nouvelle réduction du personnel, l'idée émise par M. Lemoyne fut approuvée, et l'on décida d'appliquer la mesure proposée dès la rentrée d'octobre 1875. Il n'y aurait plus maintenant que six maîtres au lieu de sept, savoir :

1º Le Principal, professeur de 6e et 7e ;

2º L'Aumônier ;

3º Le Professeur de 4e et 5e ;

4º Le Professeur d'enseignement spécial ;

5º Le Professeur de la classe préparatoire ;

6º Le Maître d'étude.

Sur ces entrefaites, le Conseil municipal reçut de M. Lamonerie une lettre ainsi conçue :

Proposition de M. Lamonerie

« Messieurs, le bail fait entre la commune et moi pour le Collège de cette ville doit prendre fin le 30 septembre prochain. Il me semble urgent que nous cherchions dès maintenant à nous entendre pour l'avenir.

» Après de mûres réflexions, je trouve qu'il m'est impossible de continuer cette location aux conditions actuelles. Mon immeuble s'use et exige un entretien considérable. Je suis obligé de vous demander un bail plus long et un prix plus élevé. Il me faudrait au moins une période de 12 ans et 1.500 francs par an. Au-dessous de ces chiffres, je prendrai la détermination de ne pas louer et d'habiter moi-même ma maison.

» Mais ce que je préférerais avant tout, et qui contribuerait beaucoup au succès et à la stabilité du Collège, ce serait l'achat de mon local par la commune. Depuis longtemps, j'en ai fait l'offre au Conseil à des conditions qui me paraissent avantageuses de part et d'autre et d'une exécution facile.

» Ces conditions, je les maintiens, savoir : 20.000 francs payables par annuités, avec intérêt à 5 %, diminuant au fur et à mesure des paiements, et exigibles par semestres.

» Veuillez, Messieurs, dans votre session ordinaire de mai, examiner cette question et me faire connaître le parti auquel vous vous arrêterez, afin que, dans le cas où ma maison resterait libre, je puisse moi-même donner congé en temps opportun au propriétaire chez qui je suis logé. »

Cette lettre de M. Lamonerie équivalait à un véritable ultimatum rendant impossible tout atermoiement et obligeant le Conseil municipal à choisir entre ces trois partis : l'évacuation presque immédiate de l'immeuble, sa location à un prix exorbitant, son acquisition par la ville.

Acquisition de l'immeuble Lamonerie

C'est à ce dernier que, fort sagement, l'on s'arrêta. Des pourparlers s'engagèrent entre M. Evariste Mazeaud, maire de Saint-Yrieix, et M. Lamonerie.

Ils aboutirent à la vente par ce dernier de sa maison à la ville, moyennant la somme de 19.000 francs, productive d'intérêts à 5 %, et payable en dix-neuf annuités décroissantes, dont la première serait exigible en 1877 (1).

Cette acquisition de l'immeuble Lamonerie est un fait capital dans l'histoire du Collège de Saint-Yrieix. Elle semblait fixer ses destinées et assurer son avenir en lui donnant une garantie de stabilité qui jusqu'à ce jour lui avait trop manqué. Car la stabilité engendre la confiance; et la confiance, soit qu'on l'ait en soi-même, soit qu'on l'inspire aux autres, est un facteur puissant, une condition essentielle et indispensable de réussite.

Principalat de M. Prat

A la rentrée d'octobre 1875, M. Izenic ne dirigeait plus le Collège; *M. Prat* l'avait remplacé.

Provençal d'origine, encore dans toute la force de l'âge, entreprenant et débrouillard, le nouveau Principal trouva le Collège agonisant : à un certain moment, il n'y avait plus que vingt externes et *un* pensionnaire (2).

(1) Archives municipales.
(2) D'après le docteur E. Escorne, Rapport du 7 décembre 1875. (Archives municipales).

SAINT-YRIEIX. — Une vue vers l'Hôtel-de-Ville

<table>
<tr><td>Suppression
du Maître d'étude</td><td>Il commença par faire supprimer l'emploi de Maître d'étude, du moins en tant que service</td></tr>
</table>

Suppression du Maître d'étude — Il commença par faire supprimer l'emploi de Maître d'étude, du moins en tant que service rétribué à part et exercé par un fonctionnaire spécial. La surveillance de l'internat fut partagée entre le Professeur de 6e et 7e et celui de la classe préparatoire, à qui les autres Professeurs donnaient chaque jour, sauf le dimanche et le jeudi, quelques heures de remplacement.

« Grâce à cette nouvelle organisation, dit *M. Tartière*, professeur de 6e et 7e à cette époque (1), j'étais de service 24 heures sur 24 une fois par semaine, et les autres jours je fournissais 10 heures, le tout pour 33 fr. 33 par mois et la nourriture. Il est vrai qu'on se rattrapait en donnant des leçons à *un franc le cachet* ».

Les aperçus de M. Prat — Puis M. Prat adressa au Conseil municipal une lettre dans laquelle, après avoir examiné les causes de la décadence du Collège, il indiquait les mesures qu'il jugeait capables d'y ramener la prospérité.

S'appuyant sur l'opinion de *M. Dolmas*, ingénieur des fontaines de la ville, M. Prat déclarait que les classes du Collège paraissaient peu solides, et que le mauvais état matériel de l'ensemble de l'établissement était une première cause de sa décadence. « A cet égard,

---

(1) Actuellement inspecteur de l'enseignement primaire à Paris et chevalier de la Légion d'honneur.

disait-il, des améliorations bien entendues aideraient à soutenir avantageusement la concurrence envahissante des établissements rivaux, où l'on s'applique avant tout à frapper les yeux des familles par un mirage attrayant de bien être et de conforts extérieurs. »

D'après lui, une seconde cause de décadence, commune d'ailleurs à tous les petits établissements secondaires, « consistait dans l'engoûment des parents à envoyer leurs enfants, dès l'âge le plus tendre, dans les grands établissements, au risque de faire dévoyer leur instruction et d'enrayer leurs progrès. En effet, dans les classes de 30 à 40 élèves, il est impossible au Professeur de donner à chaque élève les soins individuels et spéciaux dont il a besoin; tandis que dans nos classes moins peuplées, les maîtres peuvent plus facilement assurer aux enfants le temps et les soins qu'exige leur âge ».

Enfin, une dernière cause de décadence, « c'était la séparation des deux établissements laïques de la localité, le Collège et l'Ecole communale, et la concurrence funeste entre eux qui en était la conséquence ».

Aux yeux de M. Prat, cette troisième cause était de beaucoup la plus sérieuse; aussi, pour la faire cesser au plus vite, concluait-il en demandant avec instance au Conseil municipal de voter le rattachement de l'école communale au Collège.

A vrai dire, l'idée de cette réunion des deux établissements n'était chez M. Prat ni aussi personnelle ni aussi spontanée qu'elle paraissait l'être. Elle lui avait

été inspirée, en effet, par un conseiller municipal fort
au courant des affaires et des besoins du Collège, *le
docteur Emile Escorne*, qui, plusieurs mois avant l'arrivée de M. Prat à Saint-Yrieix, avait préparé sur cette
importante question un rapport que l'on discuta le
7 décembre suivant, et dont voici quelques extraits :

**Les idées
du docteur Escorne**

« C'est, dit le docteur Escorne, en
nous reportant à plus de vingt
ans en arrière, que nous avons cru
trouver les causes de décadence sous lesquelles succombe
notre Collège, et que nous venons vous proposer un
remède à cette déplorable situation.

» Au temps de MM. J. Coudamy, Lamonerie et Leyssenne, Saint-Yrieix comptait deux établissements d'instruction pour les jeunes gens : l'école primaire et le
Collège. Mais tous deux étaient dans le même local,
presque sous la même direction. L'école était la pépinière du Collège.

» Un jour, dans un but que nous n'avons pas à apprécier, l'école fut séparée du Collège, transportée au
loin, dans le local qu'elle occupe actuellement, et placée
sous la direction des Frères.

» Dès lors, tout lien fut rompu entre les deux établissements; une concurrence fâcheuse s'établit. Les Frères firent tous leurs efforts pour retenir les élèves, pour
les éloigner même du Collège et les empêcher d'y aller
chercher un supplément d'instruction qu'ils auraient
pu y trouver.

» Privé de son principal élément de recrutement, les élèves de français, n'ayant pour appoint que quelques rares élèves de latin, le Collège descendit la pente fatale au bout de laquelle il risquait de périr.

Le Collège, les Frères et l'Ecole communale » En 1863, un autre élément, qui aurait dû être le salut, intervint dans la lutte et en précipita les effets. L'école communale changea de direction; un instituteur laïque fut substitué aux congréganistes qui, dès lors, organisèrent une école libre. Depuis, l'on vit trois écoles, dont deux subventionnées par la ville, se faire une concurrence active.

» Comme les congréganistes, les instituteurs laïques mirent tous leurs soins à étendre le programme de leur enseignement au delà des limites réglementaires et à garder le plus longtemps possible leurs meilleurs élèves pour en former des divisions supérieures recevant un enseignement spécial qu'elles n'auraient dû trouver qu'au Collège; s'imposant sans doute ainsi un surcroît de travail, mais au détriment du plus grand nombre.

» De cet état de choses dériva ce qui devait fatalement dériver. Réduit aux élèves de latin, déjà peu nombreux, le Collège vit partir successivement les jeunes gens des environs, qui ne voulaient plus d'un Collège sans élèves, et les élèves de la ville, qui allèrent à Limoges, Brive, etc., chercher dans des classes plus nombreuses le stimulant de la concurrence. De la sorte, les 30 pensionnaires de 1854 se réduisirent à *un* et les 90 externes à 20.

» Cet historique succinct vous aura montré le mal et son origine, et il vous aura indiqué le remède.

Propositions du Docteur Escorne

» Il nous faut, sans retard, éteindre la concurrence que se font nos deux établissements communaux, et pour cela, annexer l'école au Collège, les placer tous les deux sous une même direction, de manière à rétablir, dans la mesure du possible, ce tout si complet qui donna autrefois de si bons résultats.

» Il faut réorganiser un fort enseignement du français, s'étendant depuis les premiers éléments jusqu'à l'enseignement spécial, pour préparer les élèves aux écoles d'Arts et Métiers, d'Agriculture, de Sous-officiers, aux Postes et Télégraphes, aux Contributions indirectes, au Commerce et à l'Industrie.

» Il faut limiter l'enseignement du latin aux classes de grammaire, pour diriger ensuite les élèves sur les établissements de plein exercice, où ils achèveront avec plus de fruit et plus de certitude de succès les longues études que doivent couronner les épreuves du baccalauréat.

» Cette annexion admise, voici comment elle devra s'effectuer. Le principe de la gratuité de l'enseignement primaire que vous avez établi en 1865, sera maintenu. Mais l'instruction secondaire, enseignement spécial ou latin, sera rétribuée.

» Les élèves de l'enseignement primaire suivant les programmes de cet enseignement dans autant de divisions qu'en nécessiteront et leur nombre et leur force respective. Après quoi, ils rentreront dans leurs familles, pour se livrer soit aux travaux agricoles, soit à l'apprentissage des divers métiers; ou bien ils passeront à l'enseignement spécial, mais à leurs frais.

» Toutefois, des bourses pourront être données aux élèves de la commune les plus méritants, et dans le cas seulement d'insuffisance de fortune des parents, après examen subi devant une délégation du Conseil municipal, assisté d'une Commission de professeurs du Collège ayant seulement voix consultative.

Projet d'annexion de l'Ecole communale au Collège » L'annexion devant entraîner le déplacement partiel de l'école primaire et son transfert au Collège, nous vous proposons, vu la configuration allongée de la ville, et le chemin que devraient parcourir les petits enfants pour se rendre au Collège, de conserver la classe élémentaire de l'école primaire dans le local qu'elle occupe, sous la direction d'un instituteur adjoint relevant immédiatement du Principal du Collège.

» La division supérieure de l'école primaire, actuellement sous la direction de l'instituteur titulaire, montera au Collège, où elle pourra être divisée en plusieurs classes.

» Par ce moyen, vous ferez cesser cette situation choquante qui nous montre d'un côté 120 élèves avec

2 maîtres, et de l'autre 20 élèves et 5 professeurs.

» Actuellement, le même maître doit enseigner à 4 divisions, comprenant ensemble plus de 60 élèves. Avec l'organisation nouvelle, ces 60 élèves seront répartis entre l'instituteur titulaire, le maître primaire du Collège, et la 2º division de l'enseignement spécial. De telle façon qu'en y comprenant le maître du bas de la ville, les élèves de l'école primaire compteront 4 professeurs au lieu de 2.

» En conséquence, nous vous proposons de voter l'annexion de l'Ecole primaire au Collège, sous la direction du Principal, conformément à l'arrêté ministériel du 18 mars 1856; et la mise à exécution de la nouvelle organisation dès que le Conseil départemental l'aura approuvée. »

L'annexion est décidée — L'argumentation serrée et les explications si claires du docteur Escorne firent impression sur l'assemblée, et elle vota l'annexion de l'Ecole communale au Collège.

Autorisée par le Ministre pour la rentrée d'octobre 1876, cette annexion ne put avoir lieu à la date fixée, parce que les bâtiments du Collège ne s'y prêtaient pas. Des réparations s'imposaient et une nouvelle classe était nécessaire.

M. Dolmas fut chargé de dresser le plan des travaux à effectuer.

Mais ce plan, qui se fit longtemps attendre, fut jugé trop grandiose et bientôt écarté.

M. Vignes, conducteur des ponts et chaussées, attaché à la Compagnie d'Orléans, en dressa un autre plus modeste, dont les devis comportaient une dépense de 7.000 fr. C'est ce dernier qui fut exécuté.

Construction et restauration de classes Il comprenait trois séries d'opérations.

1° Entre le bâtiment principal, occupé par le pensionnat et l'ancienne école mutuelle, il y avait, en arrière de la petite cour, un long hangar délabré, servant de bûcher au rez-de-chaussée et contenant deux classes au premier étage (1). Ce hangar fournit les éléments d'agrandissement dont on avait besoin.

Il fut rasé et remplacé par un bâtiment plus large comprenant trois pièces : deux au premier étage et une très vaste au rez-de-chaussée. Cette dernière est aujourd'hui la salle de la *première étude*. Ce même bâtiment contint en outre un couloir permettant d'aller d'une cour à l'autre, un escalier pour monter au premier étage, et placé de manière à desservir les deux petits corps de bâtiment, et enfin une échelle pour atteindre le grenier.

2° Le bâtiment attenant à la maison de Chapuiset fut restauré. On en refit la toiture, et on le divisa en quatre salles d'égales dimensions à l'aide d'un mur de refend, qui remplaça les anciennes cloisons de bois

______

(1) V. ci-dessus, pages 47 et 77; v. aussi le Plan du Collège.

« à travers lesquelles on voyait et entendait d'une classe tout ce qui se passait dans l'autre ». Ce bâtiment et le précédent furent couverts non en tuiles courbes, comme auparavant, mais en ardoises.

3º Enfin on démolit le mur situé entre la petite cour et la rue, et on le remplaça par une grille en fer.

Amélioration du mobilier — En même temps, on se préoccupait de rajeunir et de compléter le mobilier du pensionnat et celui des classes. A plusieurs reprises, l'Etat fournit d'importantes subventions qui permirent d'acquérir de nouveaux lits en fer, les anciens étant absolument insuffisants comme nombre et comme qualité. Un élégant lavabo cylindrique à 6 places remplaça, au dortoir, le bac en zinc qui avait servi jusque-là aux ablutions des élèves « et que son état de vétusté avancé avait mis absolument hors de service ».

Seule, il est vrai, la nouvelle salle d'étude reçut des tables neuves; quant aux classes, elles conservèrent leur sordide mobilier; il ne devait être remplacé que cinq ou six ans plus tard.

Résultat de l'annexion — L'annexion de l'Ecole communale au Collège ne resta point sans effet. En 1878, c'est-à-dire un an après la mise en vigueur du système (1), le nombre des

---

(1) On avait créé quelque temps auparavant un cours préparatoire au brevet élémentaire. « Cette création, dit M. Tartière, alors porfesseur de 4e et

élèves du Collège remonta à 50, dont 17 pensionnaires.

Ce résultat était fort satisfaisant, et si la progression se fût maintenue seulement trois ou quatre années, on aurait enregistré des chiffres dépassant toute espérance. Mais elle s'arrêta bientôt, à la suite de difficultés qui s'élevèrent entre le Principal du Collège et l'Instituteur communal.

Ce dernier, en effet, dès le début, s'était prêté d'assez mauvaise grâce au rôle nouveau que lui imposait l'annexion et qui, tout en lui laissant sa qualité d'instituteur titulaire, en faisait réellement le subordonné du Principal.

Autonomie rétablie — Entre ces deux fonctionnaires, dont l'entente était indispensable, les incidents se multiplièrent et s'aggravèrent à tel point, que les partisans de l'annexion eux-mêmes, notamment *M. Marcel Roux*, conseiller municipal, en vinrent à demander que l'autonomie complète fût rendue à l'école communale.

Classe primaire gratuite au Collège — La disjonction des deux établissements fut votée le 2 juin 1880. Toutefois, il fut décidé, après entente avec l'Administration académique, qu'à la rentrée

5e, amena au Collège une dizaine d'élèves de tous les points du département. C'est parmi eux que se trouva le jeune M... Je lui fis commencer le latin et le conduisis, *en deux ans et demi*, jusqu'au baccalauréat ». Le jeune M... a bien marché depuis. Reçu agrégé des lettres, il est aujourd'hui inspecteur d'académie dans un département du centre.

d'octobre une classe primaire *gratuite* serait installée au Collège, et placée sous la direction et la surveillance du Principal au même titre que les autres classes de l'établissement.

Les idées de M. Denuelle — Vers la fin de 1879, M. Denuelle était devenu maire de Saint-Yrieix. Comme M. Escorne, il s'intéressait d'une façon toute particulière au Collège, et il en avait donné à maintes reprises la preuve évidente (1). Comme lui, il pensait que le recrutement des élèves de latin devant se faire toujours avec difficulté, ce n'est pas du côté de l'enseignement classique que devaient se porter les efforts et les sacrifices de la ville et de l'Etat, mais bien vers l'enseignement spécial, beaucoup plus sûr d'un recrutement abondant et régulier.

Quand la séparation de l'école communale et du Collège eut réduit ce dernier à ses propres moyens, M. Denuelle fut amené à rechercher par quelle combinaison nouvelle on parviendrait à le relever. De là naquit le projet qu'il présenta au Conseil municipal dans la séance du 9 août 1880 (2).

Ce projet, sans modifier bien sensiblement l'organisation du Collège, en ce qui concernait l'enseignement du latin, tendait à donner à l'enseignement spécial un caractère nettement scientifique, de manière à assu-

---

(1) V. ci-dessus, page 90.
(2) Dans cette même séance fut voté à l'unanimité l'engagement quinquennal.

rer une préparation sérieuse et complète aux élèves qui se destinaient soit aux Arts et Métiers, soit aux autres carrières nécessitant de solides études scientifiques.

Dans ce but, M. Denuelle proposait d'adjoindre au professeur d'enseignement spécial déjà en fonctions un second professeur, sortant de l'école de Cluny (1), et en état d'enseigner les mathématiques, la physique, la chimie et l'histoire naturelle.

Le projet Denuelle fut adopté, et l'on décida de faire le nécessaire pour que la réforme qu'il comportait fût mise en vigueur dès la rentrée d'octobre 1880 (2).

Principalat de M. Prost

Quand vint le jour de cette rentrée, M. Prat n'était plus là; on l'avait nommé à Carpentras et remplacé par *M. Prost*, venu de Briançon.

Pour faire connaître le nouveau Principal, il suffira de dire qu'il était, presqu'en tout, l'opposé de son prédécesseur. Mûr pour la retraite, il n'avait ni la vigueur physique, ni la souplesse intellectuelle qu'exigeaient ses pénibles et délicates fonctions; car justement, et

---

(1) En 1865, avait été fondée à Cluny (Saône-et-Loire) une école normale destinée à former des professeurs pour l'*Enseignement spécial des lycées et collèges*.

(2) En octobre 1880, fut décidée l'organisation au Collège d' « exercices de gymnastique et de fusil» dont la direction fut d'abord confiée à M. Roux, sergent de ville. Un portique fut installé dans la cour du Collège; il a été démoli en 1905, la gymnastique nouvelle n'admettant plus les exercices acrobatiques.

comme à plaisir, les difficultés s'accumulèrent sous son principalat.

Nouveaux contretemps Pour commencer, le projet Denuelle ne reçut point une application immédiate; il fut même contrecarré de point en point.

On avait compté sur un Principal apte à enseigner le latin, et M. Prost déclara qu'il ne pouvait enseigner que les mathématiques. On avait espéré la nomination d'un professeur breveté de *Cluny*, à qui l'on réservait le traitement du professeur de 7e et 8e, dont l'emploi devait être supprimé : or le Clunisien ne vint pas, et la classe de 7e et 8e fut maintenue.

C'est qu'au moment où se débattaient à Saint-Yrieix les mesures particulières destinées à ranimer le Collège de cette ville, d'autres réformes, d'une portée plus grande et d'un caractère plus général, s'élaboraient ailleurs en vue de réorganiser l'enseignement secondaire lui même; et il se trouva que, passagèrement du moins, celles-ci contrarièren¹ celles-là.

Programmes de 1880 Le ministère *Jules Ferry* venait en effet de prescrire l'application de programmes nouveaux qui modifiaient profondément l'enseignement classique donné dans les lycées et collèges de garçons.

Le temps consacré au grec et au latin était réduit;

l'étude du texte même des auteurs prenait plus d'importance; l'enseignement des sciences et celui des langues vivantes devaient commencer dès les petites classes.

Sans diminuer l'importance de la haute culture classique, ces programmes, dans leur ensemble, dénotaient une préoccupation plus grande des exigences de la vie moderne.

L'application de ces programmes allait nécessiter un personnel plus nombreux et préparé autrement que celui dont on avait jusqu'alors disposé. Où trouver ce personnel ?

Traitements de famine — Les jeunes gens d'avenir ne recherchaient guère le professorat des Collèges, pour la raison bien simple que cette carrière ne menait presque à rien. La moyenne des traitements variait de 1,000 à 1,400 francs. Bien rares étaient ceux qui atteignaient 1,800 à 2,000 francs.

Si l'on tient compte de la différence des époques, la situation des maîtres, vers 1880, n'était donc guère meilleure qu'au temps de M. Lamonerie (1). Leurs traitements étaient toujours des traitements de famine, qui les condamnaient à choisir entre le célibat et la misère noire; qui vouaient les natures mal trempées à la vie de bohème, au cabaret, aux dettes, quelquefois au scandale, presque toujours au discrédit.

(1) Voir ci-dessus page 86.

Donc, si l'on voulait attirer dans l'Université des éléments abondants et dignes d'elle, il fallait avant tout relever les traitements.

Amélioration des traitements Le ministère Ferry le comprit, et c'est alors que fut préparé le décret du 4 janvier 1881, qui établissait trois catégories dans le personnel des Professeurs et leur attribuait des traitements échelonnés de 1,600 à 2,800 francs. Ce n'était certes pas tout ce qu'on aurait pu souhaiter; néanmoins l'amélioration était sensible, et pendant longtemps le nom de Jules Ferry fut béni du personnel enseignant des Collèges.

D'autres mesures, d'une nature différente, mais qui elles aussi devaient avoir la plus grande influence sur l'avenir des Collèges, furent la conséquence de ce même décret du 4 janvier 1881.

L'article 8 du décret était, en effet, ainsi conçu :

« Immédiatement après la promulgation du présent décret, les conseils municipaux devront prendre l'engagement de garantir pendant *dix ans* les traitements du personnel de l'établissement tels qu'ils sont inscrits au budget de l'exercice 1880. »

Engagement décennal En vertu de cet article 8, l'engagement quinquennal allait faire place à un engagement de durée double. Il est aisé de comprendre l'importance de cette mesure.

L'engagement quinquennal était un contrat à trop

courte échéance. Avec un tel contrat, les réformes pro-
fondes, celles dont les résultats se font souvent attendre longtemps, ne pouvaient être tentées; rien ne se
décidait qu'au jour le jour. De plus, l'existence même
de l'établissement se trouvant si fréquemment mise en
question, il en résultait une incertitude et un malaise
fort peu favorables à sa prospérité.

Avec l'engagement décennal, tous ces inconvénients
disparaissaient ou se trouvaient atténués. Non seulement les améliorations sérieuses et à longue portée devenaient possibles, mais l'établissement, sûr de son
lendemain, puisait dans cette sécurité même une force
bien capable d'activer ses progrès.

Les chaires nouvelles — Enfin, aux termes de *l'article* 11
du dit décret, il était entendu que
« lorsque des chaires nouvelles se-
raient reconnues nécessaires, l'Etat pourrait les prendre
à sa charge dans les limites des ressources budgétaires. »

Cet article 11, non moins important que l'article 8,
en était, peut-on dire, le complément obligatoire et
forcé. Pour quel motif raisonnable, en effet, l'Etat
eût-il imposé aux villes possédant un collège ce contrat
à long terme, souvent onéreux pour elles, s'il n'avait
pas eu l'intention de leur accorder une tutelle plus effi-
cace, une aide plus large et plus généreuse, qui les en-
courageât à entrer hardiment dans la voie des améliorations désirables ?

Or, pour le Collège de Saint-Yrieix, comme pour bien

Le Collège : Façade principale donnant sur la rue Coudamy

d'autres, la création de chaires nouvelles était, au premier chef, une amélioration désirable. En la rendant possible, l'article 11 a donc eu lui aussi une action décisive sur leurs destinées.

L'année 1880-81

Ainsi, la refonte des programmes, le relèvement de la situation des Professeurs, l'inauguration d'un régime nouveau garantissant aux Collèges une plus grande stabilité et leur promettant une sollicitude plus effective de la part de l'Etat : voilà ce qui caractérise l'année 1880-81, et en fait une période particulièrement intéressante dans les annales de l'enseignement secondaire (1).

A ce moment, le Collège de Saint-Yrieix est arrivé à un nouveau tournant de son histoire.

(1) C'est encore à partir de 1881 qu'est tombé en désuétude l'examen dit « du *cinquième mois,* ou examen de Pâques ». Les élèves de chaque classe devaient comparaître devant une commission composée du Principal, président, du Professeur de la classe examinée, et du Professeur de la classe la plus voisine. L'examen était oral. Les membres du Bureau d'administration étaient invités à y assister. Chaque élève avait à répondre à un certain nombre de questions. Les seules formules admises pour l'attribution des notes étaient *très bien, bien, assez bien, médiocre, mal;* l'emploi de la formule *passable* était interdit par une instruction de 1864. L'examen terminé, le Principal adressait à l'administration académique un rapport sur la manière dont il avait été fait, et sur les conclusions à tirer en faveur des études en général, et de chaque classe en particulier.

CHAPITRE IV

LE COLLÈGE COMMUNAL

(SUITE)

(de 1880 à 1890)

**Période des Engagements décennaux.
Principalat de MM. Prost et Carrayrou.**

**Aspect
du Collège**

« Vers la fin de 1880, malgré les importants travaux assez récemment effectués, le Collège de Saint-Yrieix était loin d'avoir grande allure. Sombres, mal crépies, rayées çà et là de lézardes inquiétantes, plusieurs des façades exprimaient le délabrement et la tristesse.

» L'intérieur ne démentait guère ces dehors peu attirants. Des murs privés de leurs enduits ou couverts d'éraflures, des planchers troués et vermoulus, des plafonds mal blanchis, des tables disloquées, boiteuses, tailladées à coups de couteau, et sur lesquelles se lisaient, gravés aussi au couteau, les noms de plusieurs générations d'élèves : voilà ce qui tout d'abord frappait les regards du visiteur.

» Quelque chose pourtant atténuait l'impression première et tendait à la rendre moins défavorable. C'était, d'une part, le nombre relativement considérable et les vastes dimensions des portes et des fenêtres, laissant pénétrer partout en abondance l'air et la lumière. C'était surtout la cour, sobrement emmurée, spacieuse, gaie, avec sa double rangée de tilleuls et son superbe horizon (1). »

Mais ces derniers avantages n'étaient pas appréciés comme ils méritaient de l'être; malgré tout, les familles hésitaient à placer leurs enfants dans un établissement qui payait si peu de mine, et dont l'organisation matérielle semblait si incomplète, si éloignée de tout confortable.

La rentrée du 4 octobre 1880

La rentrée du 4 octobre 1880 fut encore moins brillante que les précédentes. A 7 heures du soir, pas un seul pensionnaire n'avait encore paru. Le nouveau principal, M. Prost, installé de la veille, ne cachait pas son inquiétude, bien qu'une domestique déjà ancienne dans la maison, s'évertuât à lui expliquer que d'habitude, la rentrée des élèves s'opérait lentement et durait en général jusqu'au 1er janvier. Enfin, vers 8 heures, un pensionnaire se présenta, mais ce fut le seul pour ce jour-là.

Quand la rentrée fut achevée, il y eut au total 32

(1) Discours d'usage prononcé par l'auteur à la distribution des prix en 1910.

élèves secondaires, dont 6 internes et 2 demi-pensionnaires. Sur ces 32 élèves, 11 appartenaient aux classes
de latin, et 21 à l'enseignement spécial; d'autre part,
7 étant des boursiers de la ville, 25 seulement payaient
la rétribution collégiale.

A ces 32 élèves, il convient d'ajouter ceux de la classe
primaire annexée. Ces derniers, on le sait, étaient gra-
tuits (1), et leur nombre, qui atteignit cette année-là 27,
n'était nullement pour le Collège un indice de prospérité,
puisque les quatre cinquièmes d'entre eux terminaient
leurs études sans passer par les classes secondaires proprement dites.

Cette statistique et ces explications étaient nécessaires pour que l'on puisse comprendre les difficultés
qu'allait soulever le vote de l'engagement décennal (2).

Dans une circulaire en date du 27 janvier 1881, le
Ministre de l'instruction publique avait demandé que
les engagements décennaux contractés par les villes
lui parvinssent avant le 1er mars. Or, ce n'est que le 17
octobre suivant que le Conseil municipal de Saint-
Yrieix contracta le sien. Voyons ce qui s'était passé
dans l'intervalle.

(1) Voir ci-dessus, page 115.

(2) C'est à cette époque qu'ont été inaugurées, ou plutôt régularisées et
rendues mensuelles dans chaque Collège, les assemblées tenues par les Professeurs, sous la présidence du Principal, dans la salle des actes de l'établissement, afin d'amener entre eux une entente et une unité de vues désirables tant sous le rapport de la discipline générale que de l'organisation péda-
gogique des classes.

L'engagement décennal avec réserves

En présence de la situation empirante du Collège, plusieurs conseillers municipaux, notamment *M. René Roudaud*, rapporteur de la Commission de l'instruction publique, avaient jugé qu'en votant l'engagement décennal il serait prudent de s'assurer que l'Etat ne mettrait pas obstacle aux réformes projetées dans l'organisation de l'établissement.

« Il s'agit, disait M. Roudaud dans son rapport, tout en maintenant notre chiffre des dépenses affectées au Collège, d'employer ce chiffre dans l'intérêt bien entendu du plus grand nombre, et de retirer de notre argent le résultat le plus utile possible au point de vue de la diffusion de l'instruction.

» Votre commission vous propose donc d'apporter au projet de convention avec M. le Ministre cette restrictriction, ou plutôt cette explication, à savoir que l'engagement décennal ne sera relatif qu'au maintien du chiffre de dépense budgétaire, et laissera le Conseil municipal libre d'apporter au système d'instruction et à la spécialité de chaque professeur telles modifications qu'il jugera utiles. »

Refus du Ministre

Le Conseil adopta la proposition Roudaud; mais le Ministère n'admit pas les restrictions qui s'y trouvaient formulées. De nouveau, il demanda donc à l'assemblée communale de voter purement et simplement, pour dix ans, les traitements des professeurs tels qu'ils figuraient au budget de 1880. Toutefois, il donnait à entendre que, cette formalité accomplie, l'administration municipale de Saint-Yrieix obtiendrait aisément la faculté d'apporter dans l'organisation de son Collège les modifications qu'elle croirait utiles.

Pétition à Jules Ferry

Devant ce refus, *M. Archer*, conseiller municipal et président de la commission de l'instruction publique, fut chargé de rédiger une pétition au Ministre. En voici les principaux passages :

« M. le Ministre, si nous avons fait des réserves au sujet de l'engagement décennal, ce n'est pas que nous ayons jamais douté de votre sollicitude pour l'enseignement, ni de la haute sagesse avec laquelle vous résolvez les questions qui s'y rattachent.

» Mais nous avons pensé que, nous trouvant sur les lieux, connaissant les besoins de notre localité, nous pouvions émettre des idées utiles pour simplifier les rouages de notre Collège, et, tout en ménageant nos ressources, y apporter des améliorations.

» Une des principales causes de l'insuccès de notre établissement est l'insuffisance de l'organisation de l'enseignement spécial. Bon nombre de jeunes gens qui n'apprennent pas le latin, ou se bornent dans cette étude aux classes de grammaire, viendraient y chercher l'enseignement scientifique s'il était organisé.

» La suppression du latin en 7e et 8e, conformément

aux récents programmes, permettrait de supprimer la chaire de ces deux classes en versant son très petit nombre d'élèves dans l'enseignement spécial, que nous pourrions ainsi doter d'une chaire de sciences avec votre bienveillant concours qui, nous le savons, ne nous ferait pas défaut.

» Nous ne doutons pas de la nécessité de maintenir le latin au Collège. Mais est-il nécessaire d'y dépasser les classes de grammaire ? D'accord avec les familles, nous ne le pensons pas.

» D'autre part, le Principal ne pourrait-il pas être chargé d'une classe de latin ?

» Si ces questions étaient résolues conformément à nos vœux, rien ne manquerait pour organiser sur de plus larges bases notre enseignement spécial.

» Ce qui nous anime en vous adressant la présente pétition, c'est l'intérêt de la cité dont nous sommes les représentants, c'est le désir de voir l'instruction la plus complète se répandre parmi nos compatriotes, si ardemment attachés aux institutions républicaines. »

Classement des professeurs différé La pétition Archer fut envoyée vers la fin du mois de mars. La réponse du Ministre ne se fit pas attendre; elle pouvait se résumer ainsi : « Votez d'abord l'engagement décennal; ensuite, j'examinerai s'il y a moyen de vous donner satisfaction. » Les choses restèrent en l'état jusqu'au 14 juin.

A cette date, le Conseil municipal fut de nouveau

réuni. Le maire, M. Denuelle, donna lecture à l'assemblée d'une lettre par laquelle *M. Lemas* , inspecteur d'académie, l'informait que le classement des professeurs du Collège ne pourrait être effectué que lorsque la ville de Saint-Yrieix aurait contracté l'engagement décennal.

« Je n'ai pas besoin de vous dire, disait en terminant M. Lemas, combien les professeurs de votre Collège sont intéressés à ce qu'une décision soit prise le plus promptement possible, et je vous serai reconnaissant de ce que vous voudrez bien faire pour amener la solution la plus favorable. »

Engagement décennal refusé — Mais M. Roudaud déclara que la commission nommée pour étudier la question de l'engagement décennal, estimait qu'il fallait repousser les propositions du Ministère et s'en tenir aux termes de son premier rapport.

Seul, *M. Lacoste*, adjoint, dit qu'à son avis il y aurait avantage à prendre l'engagement demandé. Mais son opinion ne prévalut pas, et les conclusions de la Commission furent adoptées à l'unanimité moins *une voix*.

Matériel donné par l'Etat — Il est vrai que, dans cette même séance où il se montrait si intransigeant sur la question de l'engagement décennal, le Conseil municipal acceptait du Ministère un don important fait à la ville pour le Collège. Ce don consistait en un matériel d'une valeur de 2.000 francs, destiné à l'enseignement des mathématiques et des sciences naturelles dans les classes élémentaires et de grammaire.

L'acceptation de ce don et le vote immédiat d'un crédit de 200 francs, pour les frais de port du dit matériel, prouvaient que le conflit entre l'Etat et la ville n'était point insoluble ni définitif, et que l'on ne tarderait pas à trouver un terrain d'entente.

Ce terrain d'entente si désirable, c'est la rentrée d'octobre 1881 qui le prépara. Cette rentrée fut en effet encore plus mauvaise que celle de 1880 : au lieu de 32 élèves secondaires, il n'y en eut que 25.

Quant aux élèves de latin, leur nombre se trouva réduit à 2; et alors naquit une combinaison nouvelle que proposa le Bureau d'administration du Collège, d'accord avec le maire et l'autorité académique.

Un seul professeur de latin On supprimerait le professeur de 5e et 6e. Les 1.100 francs affectés au traitement de ce professeur seraient employés ainsi : 700 francs pour le tiers du traitement du futur professeur de sciences, l'Etat prenant à sa charge les deux autres tiers; 300 francs pour la création d'un cours d'allemand; 100 francs pour ajouter au traitement du maître chargé de la classe primaire.

Cette combinaison, on le voit, n'admettait plus qu'un seul professeur de latin; elle fortifiait l'enseignement scientifique et créait un cours de langue vivante.

Elle fut acceptée par une fraction importante du Conseil municipal qui se montra, dès lors, disposée à voter l'engagement décennal. Mais elle ne satisfit pas un certain nombre de pessimistes qui y voyaient seulement « un replâtrage, une innovation éphémère, une réforme postiche », que l'intérêt bien entendu de l'établissement et des finances communales commandait de rejeter.

Proposition de M. Roudaud

Organe écouté de ce dernier groupe, M. Roudaud rédigea, au nom de la commission de l'instruction publique, un rapport où il proposait : 1° « de repousser de nouveau le projet d'engagement décennal; 2° de charger l'administration municipale de faire les démarches nécessaires pour obtenir de l'Etat l'abandon des droits résultant pour lui de l'engagement quinquennal déjà contracté (1), dans ce sens que la commune serait autorisée à substituer au Collège actuel un établissement d'enseignement spécial où les élèves recevraient une instruction en français, sciences mathématiques, physiques et naturelles, et en langues vivantes, suffisante pour aborder les examens d'entrée aux écoles de l'Etat *où le latin n'est pas exigé* ».

Séance du 17 octobre 1881

Aussi lorsque, pour la troisième fois, le 17 octobre, le Conseil municipal se réunit afin de trancher cette importante question de l'engagement décennal et

(1) V. plus haut, page 115, note.

de se prononcer sur la proposition Roudaud, il eût été assez difficile de présager le sens du vote qui allait sortir des débats.

Il est vrai que, dès l'abord, les chances de victoire du groupe opposé à l'engagement décennal se trouvèrent diminuées par l'absence de M. Roudaud. Le rapport de ce dernier fut lu par M. Lacoste, adjoint, qui présidait la séance; puis les conclusions de ce rapport furent successivement et énergiquement combattues par divers orateurs. En premier lieu, par le docteur Escorne.

Discours du Docteur Escorne « La majorité de votre commission, dit-il, entraînée par un amour exclusif de l'enseignement du français et par des préoccupations financières exagérées, vous propose la suppression de notre Collège et son remplacement par une école dont l'organisation est encore inconnue.

» Cette mesure ne saurait être justifiée; elle est contraire à tous les intérêts financiers et moraux du pays.

» L'enseignement spécial n'a pas de partisan plus convaincu que moi. Dès 1877, nous l'avons voulu complet, et rien n'aurait alors coûté au Conseil municipal, si les élèves n'avaient pas fait défaut, malgré les bourses qui furent créées pour mettre cet enseignement à la portée de tous.

» La majorité de votre commission me semble trop considérer le Collège comme une entreprise industrielle tentée par la commune, et dont les résultats ne sont pas satisfaisants. Ce n'est pas ainsi, selon moi, que la question doit être envisagée. Comme pour beaucoup de services publics, routes, chemins de fer, les bénéfices du Collège sont indirects mais certains.

» C'est au moment où le latin est réduit à une seule chaire que vous en proposez la suppression ! Je ne sais d'où vient cet acharnement contre un enseignement indispensable. Comment ! c'est lorsque le Gouvernement donne des millions à l'instruction sous toutes ses formes ; c'est au moment où il veut favoriser l'accès à toutes les fonctions et à toutes les carrières par l'instruction donnée à tous, que vous diminuez votr enseignement, que vous restreignez les moyens d'instruction !

» L'instruction est un droit pour tous. Si tout le monde ne fait pas ses classes, tout le monde doit pouvoir les faire : voilà le droit, la justice, l'équité.

» En restreignant l'enseignement du Collège au français, en empêchant un certain nombre d'enfants de faire leurs classes de latinité, vous violez ce droit, vous allez à l'encontre de vos principes démocratiques.

» N'allez pas nous dire que les riches seuls bénéficient de cet enseignement : les faits vous donneraient un éclatant démenti. Malheureusement, les riches envoient leurs enfants au loin, et votre mesure ne les atteint pas. Savez-vous qui elle atteindra ? Ce sont les gens de condition modeste qui, ne pouvant faire de grosses dépenses, font débuter à notre Collège leurs enfants, jugent de leurs aptitudes, et plus tard, soit à leurs frais, soit à l'aide de bourses, leur font achever leurs études dans d'autres établissements.

» Arrêter, supprimer cette organisation, c'est entraver dans la plus néfaste mesure le développement intellectuel de notre pays; c'est réserver aux riches le privilège de l'instruction; c'est faire une aristocratie fermée au détriment des nouvelles couches sociales.

» La mesure qu'on vous propose serait déplorable et empêcherait à tout jamais nombre d'enfants intelligents de sortir de la modeste condition où ont vécu leurs parents. Est-ce ce que vous voulez ?

» On a dit que tout soldat porte dans son sac le bâton de maréchal : tout enfant peut par son travail arriver aux plus hautes situations, et la société doit lui en fournir les moyens. Elle n'y manque pas d'ailleurs : la commune, le Conseil général, l'Etat offrent des bourses aux plus dignes, afin que la pauvreté ne les arrête pas.

» Mais si l'on peut obtenir des bourses dans les lycées et dans les grandes écoles du Gouvernement, il faut pour y atteindre un commencement d'instruction que notre Collège peut donner sans grands sacrifices pour les parents. Vous en avez de récents exemples (1); car si notre Collège se recrute difficilement, l'enseignement n'y est pas inférieur, et nos élèves tiennent presque toujours un rang honorable dans les grands établissements où ils vont achever leurs études.

» Donc, Messieurs, maintenons notre Collège avec son double enseignement organisé dans la mesure de

____

(1) Trois élèves de cette époque, reçus à l'examen des bourses, sont devenus, le premier licencié ès lettres, le second agrégé de grammaire, le troisième agrégé de mathématiques.

nos moyens..... Tout en restant, avec nos collègues,
disposés à développer l'enseignement spécial de toutes
vos forces, vous accepterez les propositions de l'Administration universitaire. »

**Considérants
de M. Archer**

Ensuite, M. Archer, président de
la Commission de l'instruction
publique, donna lecture des considérants que voici :

« Le conseil municipal, considérant que le Bureau
d'administration du Collège, d'accord avec M. le Maire
et les autorités universitaires, a décidé la suppression
d'une chaire de latin (5e et 6e) pour la remplacer par un
cours d'allemand et une chaire de sciences physiques
et naturelles;

» Que M. le Ministre veut bien suppléer à l'insuffisance des ressources créées par cette suppression en
accordant une subvention annuelle de 1.400 francs et
sans demander aucun sacrifice nouveau à la ville;

» que la modification proposée est conforme aux vœux
émis par le Conseil dans plusieurs délibérations antérieures;

» Qu'il y a lieu de maintenir l'enseignement classique
dans l'intérêt des lumières dont une démocratie ne peut
pas se passer; dans l'intérêt des familles peu aisées;
dans l'intérêt de tous les parents qui désirent garder
auprès d'eux leurs enfants à cet âge où doivent leur être
prodigués les plus tendres soins, auxquels un lycée
ne peut suppléer;

» Que l'acceptation de l'engagement décennal aura pour résultat, outre la création d'une chaire de sciences, l'amélioration du sort des professeurs, et la création de nouvelles chaires rétribuées sur les fonds de l'Etat;

» Qu'un refus porterait un coup mortel au Collège; qu'il entraînerait une diminution de recettes pour la ville par la diminution du nombre des élèves, et qu'il aurait pour conséquence la diminution bien autrement déplorable du niveau intellectuel dans la région de Saint-Yrieix;

» Accepte la combinaison proposée et vote l'engagement décennal. »

Déclaration de M. Roux — A son tour, M. Marcel Roux déclara « que, pour son compte, les raisons données par le docteur Escorne et qui militaient en faveur de l'engagement décennal, étaient absolument sérieuses;

» Que l'adoption des conclusions du rapport de M. Roudaud serait de la part du Conseil une mesure antidémocratique, en ce sens qu'elle enlèverait aux enfants peu fortunés la faculté de faire chez eux les classes qu'ils ne pourraient suivre ailleurs;

» Que si l'instruction primaire doit être l'objet de toute la sollicitude du Conseil, l'instruction secondaire y a le même droit, puisque celle-ci n'est que la continuation de la première. »

« Nous devons, ajouta-t-il, en répandant tous les genres d'instruction qu'il est en notre pouvoir de don-

Photo Méniéie.

ner, ouvrir à nos jeunes concitoyens les portes de toutes les carrières; notre Gouvernement républicain nous en a donné l'exemple; nos principes d'égalité nous l'imposent. » Puis il conclut en demandant au Conseil de voter l'engagement décennal tel qu'il était proposé par l'Etat.

Vote de l'engagement décennal — Enfin, M. Lacoste, après avoir fourni, au nom de l'administration des explications au sujet des phases qu'avait subies cette affaire, engagea lui aussi le Conseil à rejeter les conclusions du rapport Roudaud et à voter l'engagement décennal.

Les propsitions de MM. Escorne, Archer, Roux et Lacoste mises aux voix par appel nominal furent adoptées par 12 voix contre 4. En conséquence, l'engagement décennal se trouva accepté purement et simplement, ainsi que l'Etat l'avait demandé.

Mais ce vote qui garantissait au Collège l'existence, ne lui apporta point du même coup la prospérité.

Chaire de physique — Malgré l'installation, en janvier 1882, de la chairé de physique nouvellement créée, l'année scolaire, commencée dans les conditions défavorables que l'on connaît, se continua de manière à réveiller toutes les inquiétudes.

« Le Collège périclite de plus en plus, disait un jour M. Denuelle au Conseil municipal : il ne tardera pas

à périr d'anémie. » Cette parole devait malheureusement trouver plus tard sa complète justification dans
le résultat financier de cette terrible année 1882. La
rétribution collégiale, en effet, n'atteignit que 996 fr.;
c'est le chiffre le plus faible qui ait été constaté depuis
la fondation de l'établissement.

Les choses ne pouvaient demeurer en l'état; il fallait
aviser au plus vite, et alors, de nouveau, on parla de la
suppression du latin.

Projets de transformation M. Denuelle partit pour Paris, et
eut une entrevue avec *M. Ch.
Zévort*, directeur de l'enseignement
secondaire.

Après lui avoir exposé la mauvaise situation du Collège, il lui demanda si « au lieu d'un Collège où l'enseignement du latin, suivi par un nombre infime
d'élèves, et celui du français étaient l'un et l'autre
incomplets, il ne serait pas préférable d'avoir un établissement dans lequel toutes les ressources et tous les
efforts tendraient à donner aux élèves *une instruction
primaire supérieure complète*. Les classes de français,
d'histoire, de géographie, de mathématiques, de sciences
physiques et naturelles et l'enseignement des langues
vivantes permettraient aux élèves l'accès des diverses
écoles d'arts et métiers et d'une foule de professions
honorables. »

Opinion de M. Zévort

M. Zévort répondit que ses propres idées et celles de M. Jules Ferry étaient conformes à celles qu'exprimait M. Denuelle, et que le ministre serait disposé à accueillir favorablement le projet de transformation du Collège dans le sens indiqué (1).

De retour à Saint-Yrieix, M. Denuelle soumit la question au Bureau d'administration du Collège qui, à l'unanimité, adopta le projet.

Mais quand il proposa au Conseil municipal de l'adopter à son retour, il rencontra une vive opposition de la part de MM. Escorne, Lacoste, Archer et Saine; de sorte que le projet de « transformation du Collège en école d'enseignement spécial » ne fut voté que par 9 voix contre 7.

Pétitions et polémiques

Vaincus au Conseil municipal, les défenseurs du latin en appelèrent à l'opinion. Des pétitions circulèrent dans le but de faire revenir le Conseil sur son vote.

D'autre part, M. Denuelle, dans un discours de distribution de prix, ayant lancé quelques épigrammes contre l'enseignement classique et ses partisans, M. Archer, se jugeant visé, fit bientôt paraître sous ce titre : « *N'éteignons pas la lumière !* » une brochure où le maire de Saint-Yrieix était violemment pris à partie

(1) Archives municipales.

et avec lui, mais de façon plus discrète, M. Prost, prin
cipal du Collège. Détachons-en quelques passages :

**Brochure
de M. Archer**
« C'est en vertu de notre respec
pour le suffrage universel que nou
saisirons le Conseil municipal d
la pétition des pères de famille. Tout citoyen a le droi
de faire entendre sa voix par une pétition, et nul corp
constitué n'a le droit en République de se déclare
infaillible.

» Au lieu de déserter son champ à la suite d'une anné
de disette, le travailleur intelligent cherche son dédom
magement dans les produits des années suivantes.

» Vous opposez aux dépenses du Collège celles de l'en
seignement primaire. Il est certain que plus l'enseigne
ment s'élève, plus il devient coûteux : les lycées coûten
plus que les écoles primaires, et les facultés plus que le
lycées. C'est une nécessité contre laquelle il n'y aurai
qu'un remède : la suppression.

» D'après vous, la chaire de latin est entachée d
privilège; le littérateur, le médecin, l'avocat, le solda
sont des objets de luxe !

» Lorsqu'un enfant entre en 6e, personne ne peu
deviner sa vocation; on ignore le plus souvent s'i
finira ses études ou s'il s'arrêtera en route. Mais ce qu
est certain, c'est que; même dans ce dernier cas, ce
enfant n'aura pas perdu son temps. Son instructior
s'en ressentira; plusieurs écoles, plusieurs carrière
sans cela inabordables lui seront ouvertes.

» Si vous gagnez la partie, vous mettrez des entraves aux enfants peu fortunés; car les bourses ne se donnent pas à tout le monde; d'autres iront dans un pensionnat clérical qui ne tardera pas à remplacer le Collège; les plus riches quitteront la ville pour se rendre soit à Brive, soit à Limoges; c'est-à-dire que tous porteront leur argent ailleurs, et vous ferez du Collège un désert.

» Nous savons que les ouvriers manuels sont les principaux créateurs de la richesse et de la prospérité nationale. Mais nous ne divisons pas la société en deux camps. Chaque profession a son importance et sa raison d'être. Si, pour citer un exemple, le médecin ne produit pas directement, il produit indirectement en conservant à la santé ceux qui produisent. Depuis l'école primaire jusqu'à celle des Beaux-Arts, tout concourt au même but : l'intérêt général, la grandeur et la gloire de la patrie.....

» Citoyens, j'en ai assez dit pour vous faire comprendre que l'intérêt moral, intellectuel et financier de la commune nous impose le devoir de ne pas faire un holocauste de la chaire de grec et de latin. Conservons le Collège intact avec son double foyer de lumière.

» On veut, dit-on, guérir la plaie qui le ronge. Elle n'est pas où l'on veut mettre la main; on ne ferait qu'aggraver le mal. Elle est ailleurs, on le sait aussi bien que moi.... Avec une direction active et intelligente, notre Collège se relèvera et se développera pour donner satisfaction à tous les genres d'études.

» Nous avons deux enseignements qui marchent

parallèlement et se fortifient l'un l'autre; conservons-les, et défions-nous des innovateurs. »

**Le latin
et le publio arédien**

On le voit, cette « question du latin » qui devait, quelques années plus tard, inspirer à *Raoul Frary* un ouvrage fameux, était arrivée déjà à l'état aigu dans la paisible ville de Saint-Yrieix. Après avoir préoccupé, agité et divisé l'assemblée municipale, elle avait fini par gagner et diviser aussi toute la société arédienne.

C'est ainsi qu'il s'était formé un parti assez nombreux qui aurait voulu non seulement qu'on maintînt l'enseignement classique, mais encore qu'on le développât et le fortifiât, fût-ce même au détriment de l'enseignement spécial.

« Pourquoi, disait-on dans ce parti, le personnel du Collège ne serait-il pas complété de manière qu'on puisse pousser les études classiques jusqu'au baccalauréat ? Le prestige du Collège en serait rehaussé et de nombreux élèves ne tarderaient pas à venir. Au contraire, supprimer ou affaiblir le latin, c'est vouer l'établissement à une ruine certaine. Mieux vaudrait mille fois sacrifier l'enseignement spécial, dont l'importance est bien moindre puisqu'il ne conduit pas aux carrières libérales. »

Et dans ce camp, comme parmi les fanatiques de l'enseignement spécial, combinaisons et réformes allaient leur train, en même temps que les critiques les plus acerbes contre les théories du parti opposé

Dommage causé au Collège

Malheureusement, dans la chaleur de la lutte, adversaires et partisans du latin, — *modernes et anciens*, pourrait-on dire, — ne s'apercevaient pas de l'énorme dommage qu'ils causaient à ce pauvre établissement, dont chacun cependant désirait et croyait soutenir les intérêts. Voici, en effet, ce qui trop souvent se produisait.

« Quand un habitant de Coussac ou de Nexon, partisan des études classiques, se disposait à placer son enfant au Collège de Saint-Yrieix, presque toujours il faisait la rencontre d'un Arédien du premier camp, à qui il s'empressait de confier ses intentions. C'était alors grand hasard si ce dernier ne disait pas aussitôt : « Vous voulez mettre votre garçon au Collège : l'idée est excellente; d'autant plus que l'établissement va recevoir une transformation depuis longtemps attendue. A partir de la rentrée prochaine, il n'y aura plus de cours de latin; on ne fera que du français; et ce sera à tous les points de vue bien préférable. »

» Ainsi parlait notre Arédien, qui prenait déjà son rêve pour une réalité. Et le Nexonnais ou le Coussacois, sans plus ample informé, conduisait son enfant soit au lycée de Limoges, soit au Collège de Brive, soit ailleurs.

» Si, d'autre part, quelque habitant de Lanouaille, peu enthousiaste du latin, projetait de nous donner son fils, invariablement et comme à point nommé, il se trouvait un beau jour en présence d'un Arédien du second camp, lequel, tout de suite, se mettait à lui parler des études classiques et de leur développement désirable et prochain dans notre Collège, en termes si chaleureux, que, trois fois sur quatre, l'enfant de Lanouaille qui nous était destiné, s'acheminait à la rentrée vers l'école primaire supérieure d'Excideuil.

» Et voilà comment, durant une période assez longue, le Collège de Saint-Yrieix s'est trouvé desservi non seulement par les gens qui lui étaient nettement hostiles (il y en avait alors), mais par ceux mêmes qui méritaient à plus d'un titre de compter parmi ses meilleurs amis (1) ».

Mesures conciliatoires

La pétition organisée par les défenseurs du latin avait recueilli un nombre assez considérable de signatures; il était donc difficile de n'en pas tenir compte. Aussi l'administration universitaire se vit-elle amenée à prendre des mesures conciliatoires que rendait possibles, du reste, le départ de M. Prost, récemment admis à faire valoir ses droits à la retraite.

La chaire de latin fut remplacée par une chaire de littérature et de français dont on chargea le nouveau principal, *M. Carrayrou.* Il fut entendu que ce fonctionnaire devrait, en outre, au cas où quelques élèves désireraient *commencer le latin,* leur enseigner les premiers éléments de cette langue. Le titulaire de la chaire de

(1) Discours d'usage prononcé par l'auteur à la distribution des prix en 1910.

M. CARRAYROU

latin, M. Tartière, fut envoyé à Fontenay-le-Comte, et *M. Couillaud* remplaça M. Prost comme professeur de mathématiques.

Grâce à cette combinaison, le latin ne fut pas entièrement supprimé, et le Collège garda quand même le caractère d'établissement d'enseignement spécial que le Conseil municipal avait voulu lui donner.

Principalat de M. Carrayrou — A tous les points de vue, la nomination de M. Carrayrou était un événement heureux pour le Collège. Originaire de Figeac (Lot), ancien directeur de l'institution secondaire municipale d'Excideuil (Dordogne), dont la conversion en Ecole primaire supérieure venait d'être opérée, il était fort connu dans la région et déjà au courant de la marche à suivre pour recruter des pensionnaires. Encore jeune, débrouillard comme M. Prat, fin diplomate comme M. Lamonerie, il avait la plupart des qualités qui font le véritable administrateur.

Et de fait, ses huit années de gestion sont dignes de tous les éloges. Quelques chiffres suffisent à les résumer En 1882, date de son arrivée au Collège, il trouva 25 élèves secondaires, dont 5 internes ; cinq ans après, le nombre des élèves secondaire s'élevait à 58, celui des pensionnaires à 32. En 1882, on l'a vu (1), la rétribution collégiale fut inférieure à 1.000 francs ; en 1890, année du

(1) V. ci-dessus, page 138.

départ de M. Carrayrou, elle atteignit 3.456 francs.
Ces résultats se passent de commentaire.

**Chaire
d'allemand**

Le premier soin du nouveau principal fut de procéder à l'organisation complète des cours d'enseignement spécial. Avant tout, il fallait une chaire de langues vivantes. L'Etat offrit de prendre à sa charge la moitié de la dépense; sur les instances répétées de M. Carrayrou, le Conseil municipal consentit à voter l'autre moitié, et à la rentrée d'octobre 1883, il y eut un professeur d'allemand au Collège.

**Salle
de dessin**

Pour permettre une application suffisante des programmes de 1879 concernant l'enseignement du dessin, le Ministère venait de faire don au Collège d'une superbe collection de modèles en plâtre, analogues à ceux dont étaient pourvus les lycées. En 1884, secondé par M. Denuelle, qui s'intéressait d'une façon toute particulière à cet enseignement (1), M. Carrayrou obtint sans peine de l'Etat et de la ville un crédit important, qui permit d'aménager une salle de dessin où fut installée la collection de plâtres, et où les élèves purent travailler dans toutes les conditions désirables de commodité.

____

(1) La famille de M. Denuelle comptait plusieurs artistes distingués.

Pensionnat, mobilier, préau, etc. Les appartements affectés aux divers services du pensionnat étaient dans un état lamentable. L 'infirmerie tombait en ruine; la chambre de garde-malade n'était pas habitable. Qu'une épidémie quelconque vînt à sévir, il eût été impossible d'isoler les malades, et l'on se demande ce qui serait advenu dans le cas où quelque élève eût été atteint par une maladie contagieuse.

La cuisine et le réfectoire n'étaient pas en meilleur état que l'infirmerie. Le préau couvert sous lequel s'abritaient les élèves par le mauvais temps était insuffisant et menaçait de s'écrouler. Enfin la plus grande partie du mobilier des classes, datant au moins d'un demi-siècle, était absolument hors de service.

Pour restaurer et remplacer tout cela, il ne fallait pas moins de 3.000 francs. M. Carrayrou les demanda et les obtint; on ne lui refusait rien; comment refuser à un homme qui ne demandait que des choses reconnues indispensables, et qui savait faire des crédits mis à sa disposition un emploi si judicieux et surtout si profitable ?

Donc les améliorations projetées se réalisèrent. Des planchers, des cloisons, des portes, des fenêtres, des plafonds, des peintures, des enduits furent refaits ou réparés. Un préau, plus vaste que l'ancien et couvert en tuiles de zinc, fut érigé au centre de la cour (1). Enfin,

(1) Déplacé en 1905, ce préau a été appuyé contre le mur nord de la cour. V. le plan.

le mobilier des classes fut presque entièrement renouvelé : après quoi, la physionomie intérieure de l'établissement se trouva rajeunie, transformée, presque méconnaissable.

Cours secondaires de jeunes filles — Dans le dernier trimestre de cette même année 1884, M. Carrayrou, qui ne s'effrayait d'aucune initiative, proposa à M. Denuelle d'organiser à Saint-Yrieix des *Cours secondaires de jeunes filles*. Ces cours seraient payants; l'Etat offrait une subvention égale à celle que consentirait la ville en dehors des sommes versées par les familles.

Le Conseil municipal consulté approuva le projet, mais exprima le regret de ne pouvoir accorder aucune aide pécuniaire. Toutefois, il chargea le receveur municipal de percevoir la rétribution scolaire, et il inscrivit au budget communal une somme égale au montant présumé de cette rétribution.

La décision du Conseil municipal privait donc l'entreprise de l'appui financier de l'Etat. Les cours s'en vrirent quand même.

Il y en eut sept par semaine; ceux de littérature, de français, de mathématiques, d'histoire et de géographie avaient lieu dans une salle de l'école communale; ceux de sciences et de dessin dans les deux salles spéciales du Collège. Six professeurs et l'inspecteur primaire les dirigeaient tour à tour; les institutrices de la ville se partageaient la surveillance.

Ces cours eurent un certain succès; une vingtaine de jeunes filles les suivirent assez régulièrement. Mais commé pour rétribuer le travail des 14 maîtres et maîtresses·il n'y eut au bout de l'année scolaire que 560 fr., cela refroidit le zèle même des plus ardents; et la ville persistant dans sa décision première, les cours ne reprirent pas l'année suivante.

Nomination d'un Répétiteur Une importante lacune restait à combler. Depuis 1875, le Collège était sans répétiteur (1). Les deux maîtres de la classe primaire et de la classe préparatoire devaient faire l'un *six heures*, l'autre *quatre heures* de classe par jour et, en outre, se partager la surveillance du dortoir, de l'étude, du réfectoire, des récréations, des promenades. Sans doute, les autres professeurs leur donnaient chacun quelques heures hebdomadaires de remplacement : le service de ces deux maîtres n'en restait pas moins excessif, écrasant.

Cette situation anormale n'étant point particulière au Collège de Saint-Yrieix, elle provoqua de nombreuses réclamations, à la suite desquelles parut une circulaire du ministre Goblet prescrivant aux chefs des établissements qui se trouvaient dans le même cas d'avoir, dans le plus bref délai, à se pourvoir d'un répétiteur.

La mesure reçut son application à Saint-Yrieix en 1886. Les professeurs furent exemptés de tout service de surveillance. Le répétiteur assuma donc seul la

(1) V. ci-dessus, page 105.

surveillance de l'internat ; toutefois, il fut convenu que les deux maîtres élémentaires, désormais externés, lui accorderaient chaque jour, à titre bénévole, un certain nombre d'heures de remplacement.

Un Répétiteur extraordinaire

Parmi les répétiteurs qui se succédèrent vers cette époque, il en est un dont le souvenir n'est pas encore effacé, malgré le bien court séjour qu'il a fait au Collège.

X.... venait d'un lycée : c'est dire que sa nomination à Saint-Yrieix était une disgrâce. Il débarqua une après-midi par l'express de Paris, et quand, une demi-heure plus tard, le Principal le présenta à ceux qui se trouvaient là, son visage de noceur fatigué et le regard sans franchise que son binocle abritait, produisirent dès l'abord une assez mauvaise impression.

Les formalités de son installation étant accomplies, X... prit le service, et s'en acquitta, le reste de ce jour là et le lendemain, comme tout autre aurait pu le faire à sa place. Toutefois, au cours des études qu'il eut à surveiller, les élèves, non sans étonnement, le virent s'asseoir à la chaire de manière à se présenter de profil, regarder le plafond avec persistance et, après avoir mis une jambe sur l'autre, agiter le bout du pied avec non moins de persistance : telle une personne qui médite profondément avant de prendre quelque forte résolution.

Le matin du troisième jour, X... se déclara malade et

fit prier le Principal de le faire suppléer. Ce service de suppléance revenait, on le sait, aux deux maîtres élémentaires, et ils s'en acquittèrent, comme toujours, avec la plus parfaite bonne volonté. Le lendemain, X... n'étant pas rétabli, les deux collègues durent de nouveau écoper. Il en fut ainsi pendant plus d'une semaine.

D'ailleurs, la maladie de X... ne lui ôtait point l'appétit ; elle ne l'empêchait pas non plus de lire les nombreux journaux qu'il se faisait apporter chaque jour. Si l'on entrait dans sa chambre prendre de ses nouvelles, on la trouvait toujours emplie d'une fumée dont l'origine était indiquée par l'odeur et les innombrables bouts de cigarette éparpillés sur le plancher. En outre, plusieurs fois dans la journée, ce singulier malade descendait dans la cour, de préférence à l'heure des récréations, se promenait avec le maître chargé du service qu'il aurait dû faire, dissertait sur les nouvelles du jour, puis, au coup de cloche, montait dans sa chambre reprendre son journal et sa cigarette.

Il devenait exigeant : un soir, il se plaignit bruyamment au domestique de ce que l'aile de poulet qu'on lui avait servie le premier jour de sa maladie, ne se renouvelait pas plus souvent. De leur côté, les deux maîtres élémentaires ne semblaient pas satisfaits : il y avait de quoi, bien que, touchés de leur situation, les autres professeurs et le Principal lui-même vinssent, à tour de rôle, les relever de temps en temps.

Ainsi, la maladie de X... était cause que tout le monde au Collège se trouvait dérangé et mis à contribution. Mais lui n'en avait point l'air trop marri; même il arrivait parfois, quand on lui demandait s'il se sentait mieux, que, sur ses lèvres minces et pâles, s'ébauchait un sourire sardonique qui donna à réfléchir au Principal, et provoqua entre lui et X.... de très vives explications.

A la suite de ces explications, X....., sommé de quitter la maison, alla loger dans un hôtel du centre de la ville. L'administration académique, saisie de l'affaire, décida que X.... ne rentrerait pas au Collège, mais qu'il continuerait à recevoir ses émoluments, plus une indemnité de logement et de nourriture jusqu'à l'arrivée de son successeur. Or, ce dernier se fit attendre encore plus de trois semaines.

Il s'ensuit que, durant ces trois semaines, on put voir X....., maintenant guéri, tantôt assis devant une table de café, tantôt tourner autour d'un billard, tantôt déambuler par la ville ou la campagne avec son lorgnon, son journal et sa cigarette, tandis que ses collègues continuaient de faire, toujours à titre bénévole et gratuit, le travail pour lequel il était payé.

Voilà de quelle façon ce bizarre personnage se vengea de sa disgrâce, bien méritée sans doute, sur de braves gens qui n'y étaient pour rien, mais qui, toujours corrects et dignes quoique visiblement joués par lui, firent leur devoir jusqu'au bout, et, serrés autour du chef dans l'intérêt supérieur de l'établissement, empêchèrent que rien ne souffrît par la faute de leur étrange collègue.

Cours d'anglais — A partir de 1887, le répétiteur fut chargé de faire, deux fois par semaine, un cours d'anglais, pour lequel il reçut annuellement une gratification variable qui se changea dans la suite en une indemnité régulière.

On peut dire qu'à cette date l'organisation du Collège, en tant qu'établissement d'enseignement spécial, était un fait accompli.

Voici comment le personnel était composé et le service réparti :

MM.

Carrayrou, Principal, Profes. de Littérature et de Latin ;
Couillaud, Profes. de Mathématiques ;
Périgaud, — Sciences physiques et naturelles ;
Kirschoffer, — Allemand et C. élém. de Latin ;
Magnonaud, — Histoire, Géographie et Dessin ;
Gaudin, — Classes élémentaires ;
Thoumieux — Classe primaire ;
Moreau, Répétiteur, chargé de l'Anglais.

Prospérité croissante — Déjà, à la distribution des prix de 1885, *M. Garban*, inspecteur d'académie, qui présidait la cérémonie, constatait dans son discours « que les élèves du Collège de Saint-Yrieix étaient dans de bonnes conditions pour s'instruire, et il ajoutait : « Grâce aux libéralités du Ministère et de l'administration locale,

grâce à la direction intelligente de M. le Principal et
au savoir de vos Maîtres, le Collège de Saint-Yrieix a
pris rang parmi les plus prospères de l'académie. »

En 1887, le nombre total des élèves monta à 90, dont
32 pensionnaires (1) et 26 externes payants. On se serait
cru revenu aux plus beaux temps de l'administration
Benoît.

D'autre part, il ne se passait pas d'année sans qu'on
enregistrât d'assez nombreux succès dans divers examens. Par exemple, en 1885, un élève fut reçu au certificat d'études avec le n° 1; un autre fut admis à
l'école normale; trois obtinrent le brevet d'instituteur;
et enfin trois autres passèrent brillamment l'examen
d'admission aux bourses des lycées et collèges (2).

Ces succès, si modestes qu'ils fussent, permettaient
au Collège d'affirmer son existence et de rétablir peu à
peu son ancienne réputation.

Le latin au Collège après 1882

En principe, depuis les mesures
prises en 1882, le latin n'existait
au Collège de Saint-Yrieix qu'à
l'état d'enseignement toléré et fortuit. En fait, malgré
l'espèce de proscription qui l'avait frappé, les cours
n'avaient pas été interrompus, parce qu'il se trouva toujours un nombre de plus en plus considérable d'élèves
« désireux de commencer le latin ».

(1) Depuis 1884, M. Carmayrou avait obtenu quelques boursiers de l'Etat;
en 1890, le Collège en comptait une dizaine.

(2) L'un de ces derniers élèves est devenu agrégé de philosophie et inspecteur d'académie.

A son arrivée, M. Carrayrou, se séparant entièrement sur ce point, mais sans le dire, des réformateurs de 1882, pensa qu'au lieu de laisser au latin son caractère d'enseignement semi-proscrit, semi-toléré, il était préférable de travailler à le développer de telle manière qu'on pût, par la suite, lui donner dans l'organisation générale du Collège une place à la fois plus digne de lui, et plus capable de le faire contribuer à la prospérité de l'établissement. Aussi, dès les premiers jours, s'appliqua-t-il à recruter des latinistes. Il en réunit d'abord 5, puis 8, puis 12, puis 14.

Il est vrai que pour arriver à ce résultat il avait dû employer toutes les ressources de son arsenal diplomatique. Mais ce diable d'homme ne se laissait rebuter par aucun obstacle. Dès qu'il s'agissait de l'intérêt du Collège, il fonçait sur la difficulté et ne connaissait plus de repos qu'il ne l'eût vaincue. A cet égard, il était capable des plus audacieuses témérités.

C'est ainsi qu'il entreprit de convertir à ses idées les adversaires déclarés et jusqu'alors irréductibles de l'enseignement classique; et il y réussit tellement bien, qu'un beau jour il eut la satisfaction de compter leurs propres enfants parmi ses élèves de latin les plus assidus (1). Encore un fait qui n'a pas besoin de commentaire, et qui jette un jour bien clair sur les facultés administratives de M. Carrayrou.

---

(1) L'un de ces enfants devait entrer plus tard à l'Ecole polytechnique.

Le latin restauré en 1888 En mai 1888, jugeant le moment venu de donner à l'enseignement classique la situation officielle et l'organisation solide à laquelle il avait droit, en raison du nombre des élèves qui le représentaient M. Carrayrou provoqua de la part du Bureau d'administration et du Conseil municipal deux motions tendant :

1° A ce que la chaire de littérature d'enseignement spécial, créé en 1882, fût transformée en chaire de 5e et 6e, ce qui n'imposerait aucune dépenses nouvelle ni à la ville ni à l'Etat;

2° A ce qu'il fût créé une chaire géminée de 3e et 4e dont le titulaire devrait être licencié ès-lettres.

Cette seconde motion entraînait un supplément annuel de dépense de 2.500 fr., à partager par moitié entre la ville et l'Etat; et pourtant le Conseil municipa la vota *à l'unanimité.*

Il est vrai que ce conseil n'était plus celui de 1882 Présidé par *M. Valluaud*, il manifestait, à l'encontre du précédent, les dispositions les plus bienveillantes à l'égard du latin. Cette nouvelle victoire signifie qu'en cette circonstance, comme en beaucoup d'autres, M Carrayrou avait bien choisi son heure.

Nouveaux succès Les années suivantes apportèrent des succès non moins éclatants, mais d'une autre nature.
En 1889, le Collège fit recevoir son premier ba-

chelier, et les dessins présentés par les élèves à l'Exposition universelle de Paris obtinrent la médaille de bronze. En 1890, deux autres élèves furent admis au baccalauréat (1).

Il était donc prouvé désormais que le Collège avait une organisation suffisante pour donner un enseignement adapté de tout point aux exigences des programmes, et que, par suite, les familles pouvaient en toute confiance y envoyer leurs enfants.

Association amicale — Pour couronner son œuvre, et après s'être assuré le concours d'un certain nombre de bonnes volontés, M. Carrayrou tenta de fonder une « Association amicale des anciens Elèves et Fonctionnaires du Collège de Saint-Yrieix ». Cette nouvelle entreprise réussit à souhait; au bout de quelques semaines, l'Association était constituée, et elle fut autorisée par arrêté préfectoral du 4 juin 1890.

Son bureau et son comité étaient composés de la manière suivante :

Membres du Bureau :

Président : M. René Roudaud, avocat;
Vice-président : M. Camille Abria, juge d'instruction;

---

(1) Ces trois premiers bacheliers présentés par le Collège de Saint-Yrieix sont :

MM. Pagnon, vétérinaire en 1er à Toulouse, Cousinou, médecin à Paris, et Risus, professeur adjoint au lycée de Poitiers.

Trésorier : M. Paul Lacoste, avocat;
Secrétaire : M. Joseph Féral, industriel.

MEMBRES DU COMITÉ :

MM.

Boutaud-Lacombe, notaire;
Charles Lemoyne, ingénieur;
Albert Montet, propriétaire à la Juvénie;
Albert Quinsac, greffier de la Justice de paix.

Vote de l'engagement décennal — Presque à la même date et à l'unanimité, le Conseil municipal vota le renouvellement de l'engagement décennal.

C'est ainsi que s'est achevée, dans des conditions absolument satisfaisantes pour le présent et pleines de promesses pour l'avenir, cette décade 1880-90, qui avait commencé, on l'a vu, sous de si fâcheux auspices.

Grâce à l'activité, à l'esprit d'initiative, au savoir-faire de M. Carrayrou, cette période si tourmentée et, à certains moments, si critique, a été en définitive une période féconde entre toutes, une période de rénovation et de progrès.

Aussi est-il de toute justice que l'on associe le nom de cet habile administrateur à ceux de MM. J. Coudamy, Lamonerie, Leyssenne et Benoît qui, nul n'en disconviendra, méritent d'être regardés comme les véritables fondateurs du Collège de Saint-Yrieix.

En quittant Saint-Yrieix, M. Carrayrou alla diriger l'important Collège de Castelsarrasin; plus tard, il devint principal de celui de Libourne; c'est là qu'il a pris sa retraite en 1907.

CHAPITRE V.

LE COLLÈGE COMMUNAL

(de 1890 à 1911)

**Période des Traités constitutifs.
Principalat de MM. Barbié, Vuillerme, Massot,
David, Rives et Dalleinne.**

**Traité constitutif
de 1890**
La convention conclue en 1890
entre la Ville et l'Etat différait
sensiblement de celle de 1881.
Tout d'abord, au lieu d'être un simple engagement imposé à la Ville de garantir pour dix ans une
certaine somme destinée à l'entretien du Collège,
c'était un contrat très explicite énumérant les obligations respectives de chaque partie contractante, l'organisation de l'établissement, le régime du pensionnat (1), la nature de l'enseignement (primaire, classi
que et spécial), le nombre et le traitement des profes·

---

(1) De tout temps, le pensionnat a été au compte du Principal.

scurs, le montant des frais annuels à la charge des familles, celui des frais d'entretien des bâtiments et du
matériel, celui des frais de bureau, de distribution de
prix, etc.

D'autre part, il était spécifié : 1º que l'enseignement
classique comprendrait la division de grammaire et
la division supérieure jusqu'à la rhétorique inclusivement; 2º que la classe primaire cesserait d'être gratuite;
3º enfin, que le chiffre total des dépenses annuelles
serait mis par moitié à la charge de la Ville et de l'Etat,
déduction faite des compléments de traitement résultant des promotions de classe accordées aux professeurs, lesquels seraient payés exclusivement par l'Etat.

Convention avantageuse

Tout considéré, cette convention était avantageuse pour la
ville; car la rétribution collégiale
continuant à être perçue au profit de la caisse municipale, il en résultait que, moyennant une somme de 5
à 6.000 fr., c'est-à-dire supérieure d'un millier de francs
à peine aux dépenses antérieures, Saint-Yrieix se trouvait doté d'un Collège vraiment digne de ce nom, capable de rivaliser avec les établissements de plein exercice,
et de donner un enseignement aussi complet que varié.

Personnel du Collège

Voici, au surplus, un tableau du
personnel en 1891 :

MM.

Barbié, Principal, Professeur de 3e et 4e.

Roy,   Professeur de Mathématiques :

Périgaud, Professeur, Sciences physiques et naturelles;
Maillard — Rhétorique et seconde;
Kirschoffer — Allemand, 5e et 6e;
Magnonaud — Histoire, Géographie, Dessin;
Gaudin — Classes élémentaires;
Sénèque — Classe primaire;
Laurent, Répétiteur, chargé de l'Anglais.

Les succès se multiplient

Comment s'étonner si, dès lors, les succès se sont multipliés aux divers examens : baccalauréat (de l'enseignement spécial, ès sciences complet, ès sciences restreint) brevets, certificat d'élève pharmacien, postes et télégraphes, bourses des lycées et collèges, contributions indirects, etc.

En certaines années, ces succès furent vraiment remarquables. Telle, par exemple, l'année 1897 où, sur 10 candidats présentés, il y en eut 7 reçus, dont un avec mention, et un admissible.

Conseil de discipline

Depuis le mois d'octobre 1890 (1), il a été établi au Collège un *Conseil de discipline*, composé du Principal, Président, et de trois Professeurs élus par leurs collègues. « Il est institué pour assurer et affirmer la solidarité étroite et le concours de toutes les forces de la maison dans l'exercice de l'action disciplinaire.

» Ce conseil se réunit tous les trois mois pour prendre connaissance de l'état moral de l'établissement. Dans

(1) En vertu de l'arrêté du 5 juillet précédent.

l'intervalle de ces réunions régulières, il peut être convoqué pour donner son avis sur telles mesures proposées par le Principal, ou pour infliger un avertissement aux élèves qui lui seraient déférés. L'avertissement ainsi préprévu doit précéder l'exclusion, sauf dans les cas d'une gravité exceptionnelle où l'exclusion doit être prononcée d'urgence.

» Les élèves qui se seraient particulièrement distingués peuvent aussi être appelés devant le Conseil de discipline pour recevoir ses félicitations. »

L'enseignement moderne

Le décret du 4 juin 1891, qui transforr.ait l'enseignement spécial et lui donnait un nom nouveau, *Enseignement moderne*, n'apporta aucune pertubation sensible dans le fonctionnement du Collège. Avec le personnel dont il disposait, il prépara les élèves au baccalauréat moderne aussi facilement qu'il les préparait auparavant au baccalauréat d'enseignement spécial. Les études ne furent pas moins solides ni les succès moins nombreux.

Une maîtresse pour la classe primaire

En août 1899, M. Marcel Roux, depuis deux ans Maire de Saint-Yrieix, exposa au Conseil municipal « que la classe primaire du Collège, suivie uniquemnt par de jeunes enfants de 7 à 8 ans, appelés à continuer leurs études dans l'enseignement secondaire, avait été jusqu'à ce jour dirigée par un homme, alors que dans plusieurs Collèges, voire dans les Lycées, ce sont des maîtresses qui en sont chargées; que, vu les soins tout particuliers à donner aux tout jeunes enfants de cette classe, véritable école enfantine du Collège, il ne pouvait y avoir qu'avantage à pourvoir de cet emploi une maîtresse, aussi capable qu'un professeur au point de vue spécial de l'enseignement, mais certainement plus apte qu'un homme à remplacer la mère de famille dans la foule des petits soins qu'exigent des enfants de cet âge.

» En conséquence, il proposa à l'assemblée de vouloir bien émettre le vœu que la classe primaire du Collège fût confiée à une maîtresse pourvue du brevet supérieur, et de charger le Maire d'insister auprès des autorités universitaires pour que satisfaction fût accordée à ce vœu (1). »

L'administration académique, saisie de la question, répondit qu'elle n'avait aucune raison de s'opposer à la réalisation du vœu exprimé par le Conseil municipal de Saint-Yrieix. C'est pourquoi, à partir du 1er février 1900, la classe primaire du Collège fut dirigée par une maîtresse, *Mlle Léonie Auzard.*

Le traité constitutif de 1901 En 1900, nouvelles conventions entre la Ville et le Ministère de l'Instruction publique. Les négociations, engagées vers la fin de la dite année, furent longues et laborieuses. « Car, dit M. Marcel Roux, il

(1) Archives municipales.

me fallait, comme maire, concilier et les intérêts de la Ville et ceux de notre établissement secondaire; aussi le contrat ne fut-il signé que le 17 mai 1901 (2) ».

Aux termes de ce nouveau traité, la nature et l'organisation des études restèrent les mêmes qu'auparavant; c'est-à-dire que les trois enseignements primaire, classique et moderne, devaient continuer à se donner dans huit chaires, dont cinq de premier ordre, une de second ordre et deux de troisième ordre. Toutefois, les indemnités affectées aux cours d'anglais et de gymnastique étaient sensiblement augmentées.

D'autre part, le Collège-externat était placé sous la régie directe de la ville, le pensionnat restant, comme toujours, au compte du Principal.

Ce régime faisait de l'établissement une sorte de personnalité, ayant son budget distinct alimenté : 1º par une subvention fixe de l'Etat; 2º par une subvention variable de l'Etat, destinée à payer les compléments de traitement pour promotions de classe des Professeurs; 3º par une subvention fixe de la ville, égale au tiers environ de la subvention fixe de l'Etat; 4º par le produit de la rétribution collégiale versée par les élèves de toute catégorie.

La Ville était déclarée responsable pécuniairement du déficit que pourrait présenter la gestion du Collège-externat.

---

(2) Discours prononcé par M. Marcel Roux, président de la distribution des prix, en 1910.

Enfin, les bonis provenant de la gestion de l'externat devaient être mis en réserve par la Ville, pour couvrir les déficits éventuels des années suivantes, ou être employés, après entente avec le Ministère, soit à créer des enseignements spéciaux, soit à créer de nouveaux emplois, soit à compléter le matériel d'enseignement et le mobilier.

En somme, ce traité était encore plus avantageux pour la Ville que celui de 1890, et il fait le plus grand honneur à son habile représentant, M. Marcel Roux. En effet, la subvention fixe totale, au lieu d'être partagée par moitié entre les deux contractants, se trouvait pour les trois quarts mise à la charge de l'Etat.

Sans doute, la clause qui rendait la ville responsable pécuniairement du déficit que pourrait présenter la gestion de l'externat, risquait d'être dangereuse pour les finances communales; mais si elle a fait naître quelques craintes au début, ces craintes se sont bien vite dissipées.

Bonis importants — En effet, les résultats de la gestion 1900-1910 ont été si satisfaisants, que non seulement la subvention fixe de la ville, jointe aux subventions de l'Etat, a couvert les dépenses prévues par le budget initial, mais encore on a constaté, presque chaque année, d'importants excédents de recette, avec lesquels diverses améliorations ont pu être réalisées.

La réforme de 1902   Le 31 mai 1902, a paru un décret réorganisant sur un plan nouveau les études secondaires.

En vertu de ce décret, l'enseignement secondaire comprend maintenant *deux cycles d'études* : le premier d'une durée de quatre ans, le second d'une durée de trois ans.

Dans le 1er cycle, les élèves ont le choix entre deux sections. Dans l'une sont enseignées, indépendamment des matières communes aux deux sections, le latin, à titre obligatoire, dès la classe de sixième, et le grec, à titre facultatif, à partir de la classe de quatrième.

Dans l'autre section, qui ne comporte pas l'enseignement du latin et du grec, plus de développement est donné à l'enseignement du français, des sciences, du dessin, etc.

Dans les deux sections, les programmes sont organisés de telle sorte que l'élève se trouve, à l'issue du premier cycles, en possession d'un ensemble de connaissances formant un tout et pouvant se suffire à lui-même.

A l'issue du premier cycle, un certificat d'études secondaires du 1er degré peut être délivré aux élèves, en raison des notes obtenues par eux durant ces quatre années d'études, et après délibération des professeurs dont ils ont suivi les cours.

Les aspirants au baccalauréat ont la faculté de produire ce certificat devant le jury ; il en est tenu compte, dans les mêmes conditions que du livret scolaire, pour l'admissibilité et pour l'admission.

Dans le second cycle, , quatre groupements de cours sont offerts à l'option des élèves : 1º le latin avec le grec; 2º le latin avec une étude plus développée des langues vivantes; 3º le latin avec une étude plus complète des sciences; 4º l'étude des langues vivantes unie à celle des sciences sans cours de latin.

Les études de ce second cycle sont couronnées par le baccalauréat de l'enseignement secondaire.

Pas plus que celle de 1891, la réforme de 1902 n'a troublé la marche des études au Collège. Bien vite, professeurs et élèves se sont familiarisés avec les nouveaux programmes et les nouvelles épreuves qui servent de sanction aux études, et les succès obtenus dans les diverses séries (A, B, C, D) du baccalauréat nouveau régime ne le cèdent en rien aux succès précédents.

Cours de solfège — Une des premières améliorations que les bonis permirent de réaliser fut la création d'un cours de solfège. Plusieurs pères de famille avaient exprimé au principal d'alors, *M. David*, le désir de voir s'organiser au Collège un cours de cette espèce.

Ce vœu, porté devant le Bureau d'administration et le Conseil municipal, y trouva de l'écho; et le cours de solfège put s'ouvrir, à partir du mois d'octobre 1903, sous la direction de *M. Emile Frange*, chef de « l'Union musicale de Saint-Yrieix ».

Un second répétiteur   L'accroissement du nombre des pensionnaires et des externes surveillés, comme aussi l'obligation de réunir dans une salle d'étude unique jusqu'à 60 élèves d'âges fort différents, rendaient très difficile et pénible le service du Répétiteur, malgré les heures de remplacement (rétribuées depuis février 1900) que lui donnaient deux autres maîtres de l'établissement.

En 1903, au lendemain de l'abondante rentrée d'octobre, M. David commença auprès des administrations académique et municipale de pressantes démarches, qui aboutirent à la création d'un second poste de répétiteur, à partir du 24 janvier 1904.

Agrandissement et restauration nécessaires   Une autre amélioration, non moins importante que les précédentes, a été réalisée à l'aide des bonis : c'est celle du local. Elle s'imposait depuis longtemps.

« Sans doute, à diverses reprises, des travaux de réparation assez considérables avaient été effectués. Mais ce n'étaient là que des améliorations de détail, ne modifiant pas sensiblement la physionomie générale de l'édifice.

» L'habit ne fait pas le moine, entend-on répéter souvent ; mais combien peu de gens règlent leur façon de penser, surtout leur façon d'agir, sur ce sage proverbe !

» A bien des familles, et pour la seule raison qu'il ne

payait pas beaucoup de mine, notre Collège ne semblait pas digne de recevoir leurs enfants.

» Au surplus, est-ce qu'un effectif tant soit peu nombreux d'élèves aurait pu trouver place et se mouvoir à l'aise dans une construction si exiguë?

» Il est toujours souhaitable dans un établissement comme le nôtre que chaque Professeur ait une classe à lui, dont il puisse disposer à son gré pour les divers besoins de son enseignement. Or, chez nous, c'est à peine s'il y avait une classe pour deux maîtres. La même pièce devenait tour à tour salle d'étude, salle de français, salle d'allemand, parfois salle de récréation.

» La salle de dessin, avec ses étagères chargées de fragiles modèles en plâtre, servait aussi aux cours de littérature et aux cours d'escrime. Dès lors, on devine quelles aventures de toutes sortes il en résultait pour certains modèles. Que de fois ne m'arriva-t-il pas, en entrant dans cette salle, d'apercevoir tantôt la fière Junon, tantôt le grave Brutus, affublé d'un chapeau, d'une pipe, voire d'une paire de lunettes! Encore m'estimais-je heureux que l'aventure s'arrêtât là et n'eût pas pour le pauvre modèle un caractère plus tragique (1) ».

Trop longues hésitations — Donc, des agrandissements et de sérieux travaux de restauration étaient indispensables. Seulement, il y allait d'une assez forte dépense, et l'on hésitait à l'engager.

(1) Discours d'usage prononcé par l'auteur à la distribution des prix en 1910.

Les plus hardis se hasardaient à dire : « Agrandis-
sons et restaurons; les élèves vont accourir plus nombreux; la rétribution collégiale grossira, et la ville
rentrera bien vite dans ses déboursés. Nous avons fait
des sacrifices considérables pour notre caserne; nous
y avons dépensé plus d'un demi-million, et nous ne trou-
verions pas quelques milliers de francs pour agrandir
et approprier notre Collège ! N'est-il pas lui aussi une
véritable caserne quant aux avantages matériels que
la ville en retire, et n'est-il pas beaucoup mieux qu'une
caserne à tous les autres points de vue ? »

A quoi les gens prudents, qui n'étaient peut-être que
pusillanimes, répondaient : « Laissons d'abord venir les
élèves : nous agrandirons ensuite ».

Et ce dernier parti l'emporta jusqu'au jour où, en
1904, il se produisit une telle affluence de pensionnaires, que la question restée si longtemps irrésolue se
posa brusquement sous cette forme simple et brutale :
il faut agrandir au plus vite; sans cela, non seulement il
ne viendra plus de pensionnaires nouveaux, mais l'on
ne conservera pas les pensionnaires déjà venus.

Alors, on se mit à rechercher par quels moyens on
parviendrait à agrandir l'établissement sans qu'il en
coûtât trop cher au budget communal.

Mais cédons la parole à M. Marcel Roux :

Acquisition de l'immeuble Bosvieux

« Construire un nouveau Collège
était chose impossible. Les ressources de la commune ne permet-
taient pas de faire face, même avec une subvention, à

la dépense considérable d'acquisition de terrain et de construction sans un emprunt beaucoup trop onéreux.

» L'administration municipale s'arrêta donc au raisonnable projet d'acquisition de la *maison Bosvieux*, très vaste et très confortable, contiguë à notre immeuble, avec lequel elle fait pour ainsi dire corps, et se prêtant admirablement, ainsi que le jardin en dépendant, à une organisation commune.

» A cet effet, une promesse de vente fut consentie par les héritiers Bosvieux moyennant la somme de 26.000 fr. Un devis des réparations et des modifications à faire dans les deux immeubles, pour l'agencement général du nouvel établissement, fut dressé par un architecte. La dépense totale, qui s'élevait à 44,865 francs une fois connue, la combinaison financière fut la suivante :

Ingénieuse combinaison de M. Roux » Demande de subvention à l'Etat de la moitié de la dépense, soit 22.432 fr. 50, et diminution sur la contribution de 4.860 francs imposée à la ville dans l'engagement décennal de 1901, de 1.280 fr., annuité nécessaire pour gager l'emprunt de 22.432 fr. 50 formant la part de la commune dans la dépense.

» M. le Ministre de l'Instruction publique, après de nombreuses démarches (1) et correspondances, accepta nos propositions ; et c'est ainsi que, sans de nouveaux

____

(1) Auxquelles s'associa activement M. le docteur Boutard, alors député de Saint-Yrieix.

sacrifices, rien qu'au moyen des bonis du Collège, nous sommes arrivés à posséder l'édifice que vous avez devant les yeux (1) ».

Local complètement transformé

« Doublé par cette adjonction, redistribué, restauré au dedans et au dehors, l'établissement s'est trouvé tout à coup rajeuni, transformé et digne, bien mieux qu'autrefois, de sa noble destination.

» Ce n'est plus ce bâtiment étroit et vieillot que nous avons connu naguère, représentant respectable, mais combien négligé ! d'un passé tourmenté qui ne fut pas sans gloire.

» Non; c'est maintenant un édifice d'aspect agréable et distingué, auquel ne manquent ni la solidité ni le caractère, et qui, fier de sa vaste façade, de ses baies larges et hautes, de ses formes robustes et de sa masse imposante, semble dire aux passants : « L'avenir est à moi (2) ».

Nouvelle affluence d'élèves

Cette transformation matérielle de l'établissement s'achevait à peine que déjà s'opérait un mouvement dans l'effectif qui prouva combien elle était nécessaire et urgente.

Les chiffres de 1904 furent surpassés et, en novem-

(1) Discours de M. Marcel Roux, président de la distribution des prix en 1910.

(2) Discours d'usage prononcé par l'auteur en 1910.

bre 1906, on enregistra 62 pensionnaires, 10 demi-pensionnaires et 47 externes, soit un total de 119 élèves (1). Le nombre des internes représentait à peu près le double de ce que l'ancien et unique dortoir pouvait décemment contenir. Ce seul fait est la condamnation manifeste de ceux qui, deux ans auparavant, contestaient encore la nécessité des agrandissements !

Ajoutons d'ailleurs que l'affluence considérable d'internes constatée à cette époque ne doit pas être seulement attribuée à l'attrait nouveau donné au Collège par les embellissements et les améliorations de toute nature dont il venait d'être l'objet. Pour rester dans la vérité historique, il faut y voir aussi une conséquence naturelle de la fermeture de plusieurs établissements congréganistes de la région, par suite de l'application de mesures législatives récentes (2).

Un maître de plus — En raison de ce nouvel accroissement du nombre des élèves et de l'encombrement qui en résultait pour certaines classes, il a été nécessaire de créer, en 1907, un emploi *d'Instituteur détaché*. Cette création, effectuée également au moyen des bonis, a pourvu le Collège d'un nouveau maître, qui a été chargé d'enseignements divers : français, mathématiques, sciences, et, à partir de 1909, des cours de gymnastique.

---

(1) De 1905 à 1910, la moyenne de l'effectif a été de 108 élèves, dont 53 pensionnaires et 7 demi-pensionnaires.

(2) Loi du 7 juillet 1904 et décret du 2 janvier 1905 concernant les congrégations enseignantes.

Le personnel du Collège en 1910 Dès lors,'le personnel du Collège s'est trouvé ainsi composé :

MM.

Dalleinne, Principal, Professeur de Philosophie, Lettres et Grammaire;

Benoît, Profes. de Mathématiques;

Ambard, — Physique et Histoire naturelle;

Décoly, — Lettres, Grec et Latin;

Sicre — Allemand;

Magnonaud — Histoire, Géographie et Dessin;

Nogarède, — Classes élémentaires;

Mlle Auzard — Classe primaire;

Lavoux — Enseignements divers et Gymnastique;

Péchamat } Répétiteurs, chargés de la surveillance;
Mitout }

Château, Professeur de Solfège.

Relèvement des traitements A diverses reprises, depuis 1881, les traitements des Professeurs avaient été améliorés, mais pas d'une façon qui répondît raisonnablement à leurs mérites, à leurs services, ni surtout à leurs besoins réels, étant donnés les conditions nouvelles de l'existence, l'énorme renchérissement de toutes choses et le rang qu'ils sont obligés de tenir de par leurs fonctions.

De pressantes démarches auprès du Parlement ont enfin provoqué le *décret du 24 juin 1910* qui, mieux que les mesures antérieures, a satisfait aux légitimes réclamations des intéressés.

En vertu de ce décret, les traitements des Professeurs vont maintenant de 2.000 à 5.200 francs, et ceux des Répétiteurs de 1.600 à 3.700 francs.

Il y a loin, on le voit, de ces chiffresà ceux de 1860. Si ce n'est point la fortune, ni même dans bien des cas la large aisance, du moins, pour l'ensemble du personnel, c'est la fin de cette existence gênée et besogneuse et aussi de cette déconsidération injuste, qui furent trop souvent, dans le passé, le lot d'une foule de maîtres méritants et capables, dignes de tout respect comme de toute estime.

Les examens de 1911 — Cette période 1900-1910, remarquable par tant de changements heureux et par une si constante prospérité, aura été de plus, pour de nombreux élèves, une période de travail intense et fécond. Les résultats des examens du baccalauréat en juillet-octobre 1911 en sont la preuve éclatante :

2e Partie (Mathématiques)

Reçu : Marcel Coudert ;

2e Partie (Philosophie).

Reçu : Henri Lamonthézie ;
Admissible : Pierre Sicre ;

1re Partie (Latin-Langues)

Reçu : Marcel Sarrazy (m. assez bien) ;

1re Partie (Sciences-Langues)

Reçus : Léon Crouzillard, René Gadonneix (m. bien); Frantz Magnonaud et Fernand Pagnon;

Admissible : Jean Lanternat.

Soit, au total, 7 élèves reçus et 2 admissibles.

Ces résultats, comme ceux qui les ont précédés, comme ceux qui les suivront, il faut l'espérer, répondent largement aux sacrifices consentis par la Ville et l'Etat en faveur du Collège; ils en sont la justification et la récompense (1).

Saint-Yrieix en 1911

Au cours des cinquante dernières années, Saint-Yrieix s'est résolument maintenu et affermi dans la voie de progrès où il était entré avant 1860.

Depuis 1873, il a son usine à gaz; depuis 1881, son abattoir; depuis 1885, ses fontaines distribuant dans tous les quartiers une eau abondante, limpide et fraîche; depuis 1893, son service des pompes funèbres épargnant au public le pénible spectacle d'un cercueil ballotté sur les épaules de quatre porteurs ivres et quelquefois sur le point de leur échapper.

Sauf quelques faubourgs dont l'aspect général demeure sans attrait, faute peut-être d'une propreté

(1) De 1894 à 1910, cinq anciens élèves du Collège sont entrés à l'Ecole polytechnique; ce sont MM. Raymond Attané, Camille Denuelle, Henri Thierry Paul Vergnaud et Albert Frange.

suffisante, l'ensemble de la ville s'est fort heureusement modifié.

Les prairies et terrains vagues qui en occupaient les abords et pénétraient même jusqu'au cœur de la cité, ont disparu sous des constructions nombreuses, où les matériaux de toute nature, granit, calcaire, brique, tuile, ardoise, marient leurs couleurs d'une manière souvent agréable, mais où parfois le manque de proportion et de symétrie trahit l'inexpérience ou le mauvais goût des architectes.

Dégagée des vilaines et malpropres masures qui, collées à ses flancs, la masquaient, la déshonoraient, la compromettaient; restaurée à l'intérieur et à l'extérieur par le concours financier de l'Etat, de la ville et des particuliers (1), l'église du Moustier, vers 1880, est enfin apparue dans l'éclat de sa simple et sévère beauté, telle qu'elle aurait dû toujours apparaître.

L'achèvement en 1901 du nouvel hôtel de ville et, en 1903, de la caserne destinée à loger un bataillon du 63e de ligne, a eu pour effet de transformer toute la partie nord-orientale de la localité; et l'observateur qui, placé en un point favorable, jette les yeux dans cette direction, manque de sincérité ou de goût s'il ne déclare trouver grand air à l'étagement de construc tions enchassées dans la verdure que son regard em brasse.

(1) Une souscription ouverte, en 1876, par la municipalité Valluaud produisit 14,000 fr.. Les travaux de restauration, commencés vers 1865, sous la direction de M. Paul Abadie, inpecteur des monuments historiques, ont coûté plus de 200.000 fr. (Archiv. municipales.)

Non seulement Saint-Yrieix s'est étendu et embelli (1), mais son activité industrielle et commerciale n'a cessé de grandir. Si l'industrie de la porcelaine ne s'y est pas développée d'une manière continue et durable, contrairement à ce qui aurait dû arriver dans un pays où abonde le kaolin (2), d'autres industries, nées à côté des anciennes, sont bien vite devenues florissantes : tissage mécanique, immobilisant, il est vrai, une partie des nombreux métiers à bras d'autrefois; fabriques de conserves alimentaires (petits pois, champignons, pâtés de volailles aux truffes); fabriques de limonade, sirops, eaux gazeuses; vinaigrerie; biscuiteries; scierie mécanique; tannerie; cimenteries; travail du bois à feuillards, etc.

Sans compter de nombreuses lignes télégraphiques et téléphoniques, une douzaine de routes et cinq lignes de chemins de fer mettent Saint-Yrieix en relations faciles et rapides avec le dehors.

De là l'importance croissante de ses 25 foires annuelles; de ses marchés hebdomadaires, où affluent les volailles, lapins, œufs, fromages de lait de chèvre, apportés par les fermières des environs, de même que les primeurs, légumes et fruits de toutes sortes, amenés

(1) L'Association des « Amis de Saint-Yrieix », fondée en 1909 et présidée par M. Michel Gondinet, s'est donné pour mission d'encourager de tout son pouvoir, même pécuniairement, les entreprises tendant à embellir la localité.

(2) Il y eut un moment trois manufactures de porcelaine à Saint-Yrieix : celle de La Seynie, celle du Puy-de-Royère et celle des Hors, cette dernière établie sur l'emplacement de la caserne de gendarmerie actuelle. Seule, la manufacture de La Seynie a été maintenue.

en abondance par les « *pétarous* » ou revendeurs du Bas-Limousin.

De là aussi l'activité du trafic de ses deux gares, portant surtout sur les porcs, veaux; moutons, bœufs, vaches; sur les bois de chauffage et de construction, les piquets, lattes, échalas et carassons; sur les fourrages, la paille et le foin; sur la bière, les pommes de terre, les châtaignes, etc. Ce trafic place Saint-Yrieix au troisiè- me rang dans le département, assez loin de Limoges, mais très près de Saint-Junien.

D'autre part, les résultats donnés par les recherches minières qu'on effectue dans les environs sont, paraît- il, des plus encourageants. Une nouvelle ressource sem- ble s'annoncer pour les ouvriers du pays. Déjà, les espoirs qu'elle a fait naître ont attiré sur le territoire de la commune une immigration assez considérable de travailleurs; et c'est à cette immigration qu'il faut attribuer en partie l'accroissement de population accusé par le dernier recensement, et qui porte à 8.205 le nombre des habitants (1).

Enfin, par ses six écoles communales urbaines de garçons et de filles (auxquelles il convient d'ajou- ter quelques établissements libres); par ses quatre écoles rurales de *Quinsac, la Rochelle, Chantegros* et *Chadefeine,* toutes récemment bâties ou restaurées, Saint-Yrieix distribue l'instruction primaire aussi large-

(1) Glandon, qui compte près de 900 habitants, a été séparé de Saint-Yrieix en 1902, et forme une commune distincte.

ment que pas une autre commune de France (1), et l'on peut prédire que, dans un avenir peu éloigné, la proportion des conscrits illettrés sortis de son territoire, se réduira au plus strict minimum, au minimum inévitable.

(1) En 1830, les recettes budgétaires de Saint-Yrieix étaient d'environ 10.000 fr.; elles s'élèvent aujourd'hui à plus de 150.000 fr.

CONCLUSION

Ainsi, en s'agrandissant, en s'embellissant, en se
peuplant de plus en plus, le Collège n'a fait que se mettre à l'unisson des changements qui s'opéraient autour
de lui.

Cet accord dans la prospérité et le progrès de Saint-
Yrieix et de son établissement secondaire n'a rien de
surprenant : c'est l'image heureuse et comme l'affir-
mation nouvelle d'une alliance étroite et déjà presque
séculaire.

En effet, le pacte conclu, longtemps avant 1789, avec
la Préceptorale, continué puis rompu avec l'Ecole secondaire, a été renouvelé, en 1816, avec l'Institution
laïque; et dès lors est née une solidarité véritable entre
la Ville et cette Maison si justement appelée « le second
berceau » de la jeunesse arédienne.

Sans doute, à diverses reprises, quelques nuages
passèrent dans leurs relations; mais ils ne devaient pas
tarder à se dissiper, comme il arrive toujours entre
contractants faits pour se rapprocher et pour s'entendre.

En vertu de ce pacte, la Ville avait promis sa subvention; de son côté, l'Institution s'engagea à fournir le savoir et le labeur de ses maîtres.

Dans cet échange de services, on pourrait se demander qui est-ce qui, tout compte fait, a le plus reçu ou le plus donné. Mais ce serait là une question bien délicate à résoudre ; car s'il est facile d'évaluer à quelques francs près les sommes versées par la caisse municipale, comment tarifer avec exactitude le savoir, le talent éducatif, surtout le dévoûment de certains maîtres, de ceux, plus nombreux qu'on ne croît, qui firent de leur classe l'objet constant de leurs préoccupations, de ceux qui ne marchandèrent pas plus à leurs élèves leur peine et leurs soins, qu'une mère ne marchande son lait à l'enfant qu'elle nourrit ?

Oui, ce serait là un problème bien ardu ; mais peut-être ne semblerait-il pas insoluble à quiconque se rappelle les tribulations et les déboires de certains administrateurs méritants à tous égards, ou encore les émoluments de misère auxquels furent si longtemps réduits tant de maîtres zélés et capables.

En tout cas, si quelqu'un fut dupe dans l'affaire, ce ne fut pas la Jeunesse arédienne ; on en a l'éclatante preuve dans cette multitude d'enfants de toute condition qui trouvèrent, par une fréquentation régulière du « Collège », le moyen de se préparer des situations honorables et souvent brillantes.

Cependant, il vint un moment où, la subvention habituelle de la Ville ne suffisant plus, celle-ci fut amenée à demander le concours de l'Etat.

Première Équipe de Foot-Ball du Collège

Alors s'est fondé le Collège communal proprement dit. On connaît son histoire : elle a été quelquefois mouvementée, et le sort de l'établissement lui-même bien précaire.

Enfin, grâce à une coopération plus effective de l'Etat; grâce à l'activité, l'habileté, la sollicitude éclairée de plusieurs administrateurs remarquables, tant universitaires que municipaux; grâce au zèle consciencieux des professeurs, aux succès répétés des élèves, toutes les difficultés ont été vaincues; et le Collège, sorti de l'âge de fer, est entré dans une ère de prospérité qu'il y a lieu de juger définitive.

Délivré des préoccupations matérielles qui, trop souvent, entravèrent ou paralysèrent son action, il n'a plus désormais qu'à se consacrer sans réserve à sa haute et importante mission, laquelle consiste non pas seulement à préparer des diplômés en aussi grand nombre que possible, mais surtout à élaborer des hommes de cœur et de caractère, de braves gens, de bons citoyens.

Asile de travail et d'émulation, où peuvent se développer toutes les aptitudes, se révéler toutes les supériorités, s'unir et s'encourager dans un effort permanent vers le vrai, le bien, le beau toutes les intelligences et toutes les bonnes volontés, il est aussi, comme autrefois la classe du père Coudamy, le terrain accueillant et neutre où peuvent se rencontrer et se mêler sans heurt toutes les conditions sociales, se rapprocher les distances, s'évanouir les préventions et les préjugés.

Conscient de son véritable rôle, désireux d'être avant tout un agent actif de progrès, de concorde et de patriotisme, le Collège de Saint-Yrieix a les plus légitimes raisons de regarder le passé avec fierté, le présent avec satisfaction, l'avenir avec confiance.

APPENDICE

Liste chronologique des Membres du Bureau d'administration du Collège de Saint-Yrieix

De 1860 à 1865

1º *Membres de droit* : MM. Bonnin, inspecteur d'académie; Cervoni, Sébastiani, puis Lamarte-Félines, sous-préfet; F. Gondinet, maire; Poncet, Benoît, puis Vielcazat, principal;

2º *Membres nommés par le Ministre* : MM. Bosvieux, Gondinet, médecins; Robert, manufacturier et J.-B. Roudaud, avoué.

De 1865 à 1872

1º MM. Bonnin, puis Aulard, insp. d'acad.; Roques, Coincy, de la Maraudière, du Tilleul, Ch. Denuelle, puis Pressat, sous-préfet; Ev. Mazeaud, puis Valluaud, maire; Vielcazat, puis Raffy, principal;

2º MM. Bosvieux, Gondinet, Robert et J.-B. Roudaud.

De 1872 à 1876

1º MM. Pécout, insp. d'acad.; Pressat, Martin d'Oisy, Lavallée, puis Tervagne, sous-préf.; Valluaud, Sulpicy, puis Mazeaud, maire; Raffy, Izenic, puis Prat, principal;

2º MM. Bosvieux, H. Lemoyne, prop.; Robert et J.-B. Roudaud.

De 1876 à 1882

1º MM. Pécout, puis Lemas, insp. d'acad.; Laporte, du Chaylard, Béhagel, Hastron, J. Codet, B. Lagrange, puis Delsaux, sous-préf.; Valluaud, puis Denuelle, maire; Prat, Prost, puis Carrayrou, principal;

2º MM. A. Bayle, avoué; E. Escorne, médecin; H. Lemoyne et Valluaud, notaire.

De 1882 à 1884

1º MM. Lemas, Gaillard, puis Launoy, insp. d'acad.; Delsaux, sous-préf.; Denuelle, maire; Carrayrou, principal;

2º MM. Bellat, médecin; F. Lachâtre; H. Lemoyne et Marcel Roux, notaire;

De 1884 à 1888

1º MM. Launoy, puis Garban, insp. d'acad.; Delsaux; Colin, puis Reynard, sous-préf.; Denuelle, Lacoste, Denuelle, puis Valluaud, maire; Carrayrou, principal;

2º MM. F. Lachâtre, prop.; Mabille, recev. partic.; Rigal, juge, et Marcel Roux, cons. général.

En 1889

1º MM. Garban, puis Istria, insp. d'acad.; Reynard, sous-préf.; Valluaud, maire; Carrayrou, principal;

2º MM. A. Bayle, avoué; F. Lachâtre; Prévôt, prop.; M. Roux, cons. général.

De 1890 à 1892

1º MM. Istria, insp. d'acad.; Reynard, puis D.-Dumonteil, sous-préf.; Valluaud, puis Denuelle, maire; Carrayrou, puis Barbié, principal;

2º MM. A. Bayle, E. Escorne, F. Lachâtre et M. Roux.

De 1893 à 1895

1º MM. Istria, puis Durand, insp. d'acad.; D.-Dumonteil, Defaucamberge, puis Tourné, sous-préf.; Denuelle, maire; Barbié, puis Vullierme, principal;

2º MM. René Roudaud, avocat; M. Roux, cons. général; Simonet, juge d'instr. et Toussain, pharmacien.

De 1896 à 1898

1º MM. Durand, insp. d'acad.; Tourné, puis Ridel, sous-préf.; Denuelle, R. Roudaud, puis M. Roux, maire; Vullierme, puis Massot, principal;

2º MM. Camille Abria, cons. à la cour; Delcaire, avoué, Denuelle et M. Roux.

En 1898 et 1899

1º MM. Durand, puis Hugues, insp. d'acad. ; Ridel, puis Juillard, sous-préf.; M. Roux, maire; Massot, principal;

2º MM. C. Abria, Delcaire, Valluaud, et N....

En 1900

1º MM. Hugues, insp. d'acad.; Juillard, puis Arnault, sous-préfet; M. Roux, maire; Massot, principal;

2º MM. Max Bonhomme, prop.; Bordas, prop.; Germain, prop.; et N.....

En 1901

1º MM. Alengry, insp. d'acad.; Arnault, sous-préf.; M. Roux, maire; Massot, puis David, principal;

2º MM. Marc Bayle, avoué; Bonhomme, Bordas et Germain prop.

En 1902 et 1903

1º MM. Alengry, insp. d'acad.; Arnault, sous-préf.; M. Roux, maire; David, principal;

2º MM. Marc Bayle, avoué, Durand, négoc.; Bordas et Germain, prop.

De 1904 à 1911

1º MM. Alengry, Récéjac, puis Crévelier, insp. d'acad.; Arnault, G. Charbonnet, S. Gas, puis Bertrand, sous-préf.; M. Roux maire; David, Rives, puis Dalleinne, principal;

2º MM. Bayle, Bordas, Germain père, puis H. Germain et Leymarie.

Nota

A côté du Bureau d'administration fonctionna durant quelques années, à partir de 1884, un *Comité de patronage* de l'Enseignement spécial, dont firent partie :

MM. Denuelle, maire ; Prévôt, propriétaire ; Charmes, négociant ; Docteur Maleix ; Ouzeaud, négoc. et Toussain, pharmacien.

Liste des Directeurs des Etablissements secondaires qui ont précédé le Collège communal de Saint-Yrieix, de 1789 à 1860.

Directeurs de la Préceptorale :

MM. Pinier, en 1789 ;

Le R. P. Chasselin, récollet, d'avril 1790 à mars 1791 ;

L'abbé Silvain, de mars à juin 1791 ;

Poumaret, de juin 1791 à 1793.

Directeur de l'Ecole secondaire du Foirail :

M. l'abbé Abria-Laforet, de 1803 à 1816.

Directeur du Petit Séminaire :

M. l'abbé Abria-Laforet, en 1817-1818.

Directeurs de l'Institution laïque libre installée dans le local primitif du Collège actuel :

MM. Jean Coudamy, de 1816 à 1830 ;

(M. Louis Coudamy, frère du précédent, a dirigé l'Ecole Mutuelle de 1817 à 1850).

Lafont, de 1831 à 1833 ;

Bonnet-Lamonerie, de 1833 à 1852 ;

Pierre Leyssenne, de 1852 à 1855 ;

Poncet, de 1855 à 1860.

Liste des Principaux du Collège de Saint-Yrieix, fondé par décret du 21 juillet 1860

MM. Poncet, d'octobre 1860 à juin 1862;

Benoît, de juin 1862 à mars 1865;

L'abbé Roques (non installé), février 1865;

Vielcazat, de mars 1865 à octobre 1871;

Raffy, d'octobre 1871 à octobre 1874;

Izenic, d'octobre 1874, à octobre 1875;

Prat, d'octobre 1875 à octobre 1880;

Prost, d'octobre 1880 à octobre 1882;

Carrayrou, d'octobre 1882 à octobre 1890

Barbié, d'octobre 1890 à janvier 1894;

Vullierme, de janvier 1894 à avril 1896;

Massot, d'avril 1896 à mars 1901;

David, de mars 1901 à avril 1904;

Rives, d'avril 1904 à octobre 1908;

Béguet (non installé), septembre 1908;

Dalleinne, à partir d'octobre 1908.

Tableau chronologique des Principaux, Professeurs et Répétiteurs du Collège de Saint-Yrieix

1860.

Principal : M. Poncet.

Professeurs : MM. Poncet (8e) — Demay (4e et 5e) — Faure-Muret (6e et 7e).

1861.

Principal : M. Poncet.

MM. Poncet (8e) — Demay, puis Rouilleau (4e et 5e) — F. Muret, puis Camlong (6e et 7e).
F. Daudy (c. spéciaux).

1362.

Principal : M. Poncet, puis M. Benoît.

MM. Poncet, puis Benoît (8e) — Bouteiller (aumônier) — Rouilleau (4e et 5e) — Camlong (6e et 7e) F. Daudy (c. spéc., 1re chaire) — G. Daudy (c. spéc. 2e ch.) — Deschamps (M. d'étude).

1863.

Les mêmes qu'en 1862.

1864.

Principal : M. Benoît.

MM. Benoît (8e) — Thomas, puis Tonduf (aum.) — Rouilleau (4e et 5e) — Camlong (6e et 7e) — F.

Daudy (c. spéc., lettres) — Vallée (c. spéc., sciences)
— G. Daudy, puis Pescher (c. prép.). — Deschamps
(M. d'étude).

1865.

Principal : M. Benoît, puis M. Vielcazat.

MM. Benoît, puis Vielcazat (8e) — Tonduf (aum.) —
Rouilleau, puis Deschamps (4e et 5e) — Camlong
(6e et 7e) — F. Daudy (c. spéc., lettres) — Vallée
c. spéc., sciences) — Pescher (c. prép.) — Deschamps,
puis Vescherre (M. d'étude).

1866.

Principal : M. Vielcazat.

MM. Vielcazat (8e) — Chassaigne (aum.) — Deschamps,
puis Joubert (4e et 5e) — Camlong (6e et 7e) — F.
Daudy (Ens. spéc., lettres) — Vallée (Ens. spéc.,
sciences) — Pescher, puis Jacquet (c. prép.) — V..s-
cherre, puis Jacquet suppl. (M. d'étude).

1867.

Les mêmes qu'en 1866, sauf MM. l'abbé Chassaigne
(aum.) remplacé par l'abbé Ronteix, et Vignaud,
remplaçant momentané de Jacquet (c. prép.).

1868.

Principal : M. Vielcazat.

MM. Vielcazat (8e) — Ronteix (aum.) — Joubert (4e et
5e) — Camlong (6e et 7e) — P. Daudy (Ens. sp. lettres

Vallée (Ens. spéc. sciences) — Jacquet, puis Lachambre (c. prép. — Decros, puis Boudy (M. d'étude).

1869.

Principal : M. Vielcazat.

MM. Vielcazat (8e) — Vérier (aum.) — Joubert (4e et 5e) — Camlong (6e et 7e) — F. Daudy (Ens. spéc. lettres) — Vallée (Ens. spéc. sciences) — Thibaud (c. prép.) — Boudy, puis Lavoux (M. d'étude).

1870.

Principal : M. Vielcazat.

MM. Vielcazat (8e) — Vérier (aum.) — Joubert (4e et 5e) — Camlong (6e et 7e) — F. Daudy et Vallée, décédés et remplacés par Thibaud (Ens. spéc.) — Thibaud, puis Lanaud (c. prép.) — Lavoux (M. d'étude).

1871.

Principal : M. Vielcazat, puis M. Raffy.

MM. Vielcazat (8e) puis Raffy (Hist. et Géog.) — Lelong (aum.) — Joubert (4e et 5e) — Camlong puis Pigasse (6e et 7e) — Thibaud puis Button (Ens. spéc.) — Lanaud (c. prép.) — Lavoux, puis Esnard (M. d'étude.)

1872.

Principal : M. Raffy.

MM. Raffy (Hist. et Géog.) — Lelong (aum.) — Joubert (4e et 5e) — Pigasse puis Tailleur (6e et 7e)

Button (Ens. spéc.) — Lanaud puis Guérineau (C. prép.) — Esnard puis Deyports (M. d'étude).

1873.

Principal : M. Raffy.

MM. Raffy (Hist. et Géog.) — Crouzivialle (aum.) Joubert, puis Coiffard (4e et 5e) — Tailleur, puis Bru (6e et 7e) — Guérineau (Ens. spéc.) — Poulhes, puis Châtain (C. prép.) — Deyports, puis Pallardy (M. d'étude).

1874.

Principal : M. Raffy, puis M. Izenic.

MM. Raffy, puis Izenic (Hist. et Géog.) — Touraille (aum.) — Coiffard (4e et 5e) — Bru, puis Laley (6e et 7e) — Guérineau (Ens. spéc.) — Châtain (C. prép.) — Pallardy, puis Bombeaud (M. d'étude).

1875.

Principal : M. Izenic, puis M. Prat.

MM. Izenic (Hist. et Géog.), puis M. Prat (Math.) Touraille (aum.) — Coiffard (4e et 5e) — Laley, puis Tartière (6e et 7e) — Guérineau, puis Méron, puis Eug. Audoin (Ens. spéc.) — Châtain, puis Tartière, puis Philippon (C. prép.) — Bombeaud, puis Eug. Audoin, puis P. Audoin (M. d'étude).

1876.

Principal : M. Prat.

MM. Prat (Math.) — Bernard (aum.) — Coiffard (4e et 5e) — Tartière (6e et 7e) — Eug. Audoin (Ens. spéc.) — Philippon (C. prép.) — Tartière et Philippon (Surveillance).

1877.

Les mêmes qu'en 1876.

1878.

Principal : M. Prat.

MM. Prat (Math.) — Bernard (aum.) — Coiffard, puis Tartière (4e et 5e) — Tartière, puis Brivet (6e et 7e) — E. Audoin (Ens. spéc.) — Philippon (C. prép.) — Philippon et Brivet (surv.).

1879.

Principal : M. Prat.

MM. Prat (Math.) — Buisson (aum.) — Tartière (4e et 5e) — Brivet, puis Clédel (6e et 7e) — E. Audoin (Ens. spéc.) — Philippon, puis Châtain, puis Gary (C. prép.) — Brivet, Philippon, Château, Clédel, Gary (surv.).

1880.

Principal : M. Prat, puis M. Prost.

MM. Prat, puis Prost (Math.) — Buisson (aum.) — Tartière (4e et 5e) — Clédel, puis Damotte (6e et 7e) —

E. Audoin (Ens. spéc.) — Gary, puis Magnonaud (C. prép.) — Thoumieux (C. prim.) — Damotte, Magnonaud et Thoumieux (surv.).

1881.

Principal : M. Prost.
MM. Prost (Math.) — Damotte, jusq. octobre (6e et 7e) — Audoin (Ens. spéc.) — Magnonaud (C. prép.) — Thoumieux (C. prim.) — Damotte, Magnonaud, Thoumieux (surv.).

1882.

Principal, M. Prost, puis M. Carrayrou.
MM. Prost (Math.), puis Carrayrou (Littér. et Latin) Couillaud (Math.) — Périgaud (Phys.) — Audoin, puis Magnonaud (Ens. spéc.) — Magnonaud, puis Gaudin (C. élém.) — Thoumieux (cl. prim.) — Gaudin et Thoumieux (surv.).

1883.

Principal : M. Carrayrou.
MM. Carrayrou (Litt. et Latin) — Couillaud (Math.) Périgaud (Phys.) — Kirschoffer (allemand) — Magnonaud (Hist., Géog., Dessin) — Gaudin (cl. élém.) — Thoumieux (cl. prim.). — Gaudin et Thoumieux (surv.).

1884 et 1885.

Les mêmes qu'en 1883.

1886.

Les mêmes, plus M. Roche, répétiteur.

1887.

Les mêmes, sauf M. Moreau, successeur de M. Roche, et Rouchon, successeur de Moreau.

1888.

MM. Carrayrou (Gram.) — Pommé (Litt. et Latin). Couillaud (Math.) — Périgaud (Phys). Kirschoffer (allem.) — Magnonaud (Hist. Géog., Des.) — Gaudin (cl. élém.) — Thoumieux, puis Sénèque (cl. prim.) Villeneuve (rép., Anglais).

1889.

Principal : M. Carrayrou.

MM. Carrayrou (Gram.) — Pommé, puis Maillard (Litt. et Latin) — Couillaud, puis Roy (Math.) — Périgaud (Phys.) — Kirschoffer (Allem.) — Magnonaud (Hist., Géog., Dessin) — Gaudin (cl. élém.) — Sénèque (cl. prim.) — Villeneuve (répét. et Anglais).

1890.

Principal : M. Carrayrou, puis M. Barbié.

MM. Carrayrou, puis Barbié (Gram) — Maillard (Litt. et Latin) — Roy (Math.) — Périgaud (Phys.) — Kirschoffer (Allem.) — Magnonaud (Hist., Géog., Dessin) — Gaudin (cl. élém.) — Sénèque (cl. prim.) Villeneuve, puis Fabre (rép., Anglais).

1891.

Principal : M. Barbié.

MM. Barbié (Gram) — Roy (Math.) — Périgaud (Phys)
Maillard, puis Husson (Litt. et Latin). — Kirschof-
fer (All.) — Magnonaud (Hist., Géogr., Dessin)
Gaudin (cl. élém.) — Sénèque (cl. prim.) — Fabre,
puis Laurent Henri, puis Laurent Théophile, puis
Laurent Marcelin (rép. et Anglais).

1892.

Les mêmes qu'en 1891.

1893.

Principal : M. Barbié.

MM. Barbié (Gram.) — Roy (Math.) — Périgaud, puis
Descomps (Phys.) — Husson (Litt. et Latin) — Kirschoffer, puis Pouget (All.) — Magnonaud (Hist.,
Géog., Dessin) — Gaudin (cl. élém.) — Sénèque
(cl. prim.) — Genat (rép. et Anglais).

1894.

Principal : M. Barbié, puis M. Vullierme.

MM. Vullierme (Math.) — Descomps (Phys.) — Husson
(Litt. et Latin) — Charbonnet (Gram.) — Pouget,
puis Bézier (All.) — Magnonaud (Hist., Géog., Des.)
Gaudin (cl. élém.) — Sénèque (cl. prim.) — Genat,
puis Piat (rép. et Anglais).

1895.

Principal : M. Vullierme.

MM. Vullierme (Math. — Descomps (Phys.) — Husson
Litt. et Latin) — Charbonnet, puis Espiau (Gram.) —
Bézier (All.) ·— Magnonaud (Hist., Géog., Des.)
Gaudin (cl. élém.) — Sénèque (cl. prim.) — Borde-
ron, puis Greteau (rép., Anglais).

1896.

Principal : M. Vullierme, puis M. Massot.

MM. Vullierme, puis Massot (Math.) — Descomps
(Phys.) — Husson (Litt. et Latin) — Espiau (Gram.)
Bézier, puis Roger (All.) — Magnonaud (Hist., Géog.,
Dessin) — Gaudin (cl. élém.) — Sénèque, puis Gran-
ger (cl. prim.) — Greteau, puis Gendre (rép., Angl.).

1897.

Principal : M. Massot.

Les mêmes, sauf .I. Durand, rép., suc. de M. Gendre.

1898.

Principal : M. Massot.

MM. Massot (Math.) — Descomps, puis Brenet (Phys.)
Husson (Litt. et Latin) — Espiau, puis Ajouc (Gram.)
Roger (All.) — Magnonaud (Hist., Géog., Dessin)
Gaudin, puis Nogarède (Cl. élém.) — Granger, puis
Petithomme-Lafaye (cl. prim.) — Durand, puis
Gendre (rép., Anglais).

1899.

Principal : M. Massot.

MM. Massot (Math.) — Brenet, puis Bonneau (Phys.)
Husson (Litt. et Latin) — Ajouc (Gram.) — Roger
All.) — Magnonaud (Hist. Géog., Dessin) — Nogarè-
de (Cl. élém.) — Petithomme-Lafaye (cl. prim.) —
Gendre, puis Nouyrigat, puis Lacour (rép., Anglais).

1900.

Principal : M. Massot.

MM. Massot (Math.) — Bonneau, puis Séguier (Phys)
Husson (Litt. et Latin) — Ajouc (Gram.) — Roger,
puis Feupier (supp.), puis Kauffmann (All.) — Magnonaud (Hist., Géog., Dessin) — Nogarède (cl.
élém., Anglais) — P. Lafaye, puis Mlle Auzard (cl.
prim.) — Lacour, puis Pommereau, puis Raspiengeas (répét.).

1901.

Principal : M. Massot, puis M. David.

MM. Massot, puis David (Math.) — Séguier (Phys.)
Husson, puis Décoly (Litt., Latin) — Ajouc, puis
Roux (Gram.) — Kaufmann, puis Penot (All.) —
Magnonaud (Hist., Géog., Dessin) — Nogarède (cl.
élém., Anglais) — Mlle Auzard (cl. prim.) — Fayard
(Gymn.) — Raspiengeas, puis Laborie, puis Léger,
puis Chabaud (rép.).

1902.

Principal : M. David.

MM. David (Math.) — Séguier, puis Veveaud, puis Salvaing (Phys.) — Décoly (Litt. et Latin) — Roux (Gram.) — Penot (All.) — Magnonaud (Hist., Géog., Dessin) — Nogarède (Cl. élém.) — Mlle Auzard (Cl. prim.) — Fayard, puis Barrot (Gymn.) — Chabaud, puis Barré (rép.).

1903.

Principal : M. David.

MM. David (Math.) — Salvaing (Phys.) — Décoly (Litt. et Latin) — Roux (Gram.) — Penot (All.) — Magnonaud (Hist., Géog., Dessin) — Nogarède (cl. élém., Anglais) — Mlle Auzard (cl. prim.) — Frange (solfège) — Barré, puis Valéry, puis Guilpin (rép.) — Barrot, puis Fayard (Gymn.).

1904.

Principal : M. David, puis M. Rives.

MM. Rives (Litt. et Latin) — David, puis Boucher (Math.) — Salvaing (Phys.) — Décoly (Litt. et Latin) Penot (All.) — Magnonaud (Hist., Géog., Dessin) — Nogarède (cl. élém., Anglais) — Mlle Auzard (cl. prim.) — Fayard (Gymn.) — Frange (Solfège) — Guilpin et Pfaff, puis Gouon et Huguet, puis Gouon et Desmoulin, puis Desmoulin et Delmas (répétiteurs).

1905.

Pripcipal : M. Rives.

MM. Rives (Litt. et Latin) — Boucher (Math.) — Salvaing, puis Vaumousse (Phys.) — Décoly (Litt. et Latin) — Penot (All.) — Magnonaud (Hist., Géog., Dessin) — Nogarède (Cl. élém.) Anglais) — Mlle Auzard (Cl. prim.) — Fayard (Gymn.) — Frange (solf.) — Delmas et Desmoulin, puis Delmas et Péchamat (rép.).

1906.

Principal : M. Rives.

MM. Rives (Litt. et Latin) — Boucher (Math.) — Vaumousse (Phys.) — Décoly (Litt. et Latin) — Penot, puis Sicre (All.) — Magnonaud (Hist., Géog., Dessin) — Nogarède (Cl. élém., Anglais) — Mlle Auzard (Cl. prim.) — Delmas et Péchamat (rép.) — Fayard, puis Hyronde (Gymn.) Frange, puis Château (Solf.).

1907.

Principal : M. Rives.

MM. Rives (Litt. et Latin) — Boucher (Math.) — Vaumousse, puis Chédozeau (Phys.) — Décoly (Litt. et Latin) — Sicre (All.) — Magnonaud (Hist., Géog., Dessin) — Nogarède (Cl. élém., Anglais) — Mlle Auzard (Cl. prim.) — Rogerie (Instit. détaché) — Delmas et Péchamat (répét.) — Hyronde (Gymn.) — Château (Solfège).

· 1908

Principal : M. Rives, puis M. Dalleinne.

M. Rives, puis Dalleinne (Litt. et Lat.) — Boucher
(Math.) — Chédozeau (Phys.) — Décoly (Litt. et
Lat.) — Sicle (All.) — Magnonaud (Hist., Géogr.,
Dessin) — Nogarède (Cl. él., Anglais) — Mlle Auzard
(Cl. prim.) — Rogerie, puis Lavoux (Inst. dét.) —
Delmas et Péchamat, puis Péchamat et Auzeméry,
puis Péchamat et Mitout (Rép.) — Hyronde (Gym.)
— Château (Solf.).

1909.

Principal :   M. Dalleinne.

MM. Dalleinne (Litt. et Latin) — Boucher et Amiel,
suppl., (Math.) — Chédozeau (Phys.) — Décoly (Litt.
et Latin) — Sicre (All.) — Magnonaud (Hist., Géog.,
Dessin) — Nogarède (Cl. élém. Ang.) — Mlle Auzard
(Cl. prim.) — Lavoux (Inst., dét. Gymn.) — Péchamat et Mitout (Rép.) — Château (Solfège).

1910.

Principal : M. Dalleinne.

MM. Dalleinne (Litt. et Latin) — Boucher et Benoît,
suppl., (Math.) — Chédozeau, puis Ambard (Phys.) —
Décoly (Litt. et Latin) — Sicre (All.) — Magnonaud
Hist., Géog., Dessin) — Nogarède (Cl. élém., Anglais)
Mlle Auzard (Cl. prim.) — Lavoux (Inst. dét. Gym.)
Péchamat et Mitout, (Rép.) — Château (Solfège).

1911.

Principal : M. Dalleinne.

MM. Dalleinne (Litt. et Latin) — Benoît (Math.) — Ambard (Phys.) — Décoly (Litt. et Latin) — Sicre, puis Chodorge (All.) — Magnonaud (Hist., Géog., Dessin) — Nogarède (Cl. élém.) Anglais) — (Cl. prim.) Mlle Auzard Lavoux (Inst. dét., Gymn.) — Péchamat et Mitout Répétiteurs) — Château (Solfège).

Liste des Elèves qui ont obtenu le Prix d'Excellence de 1861 à 1911

NOTA. — Plusieurs palmarès manquant dans les Archives du Collège, la liste ci-dessous présente forcément des lacunes : nous ne pouvons que le regretter.

De 1861 à 1870

ENSEIGNEMENT CLASSIQUE.

Abria Camille
Bonnet Eugène
Chabrier Georges
Chabrier Louis
Clément Joseph
Crouzillard Antoine
Crouzillard Henri
Daudy Marc
Dugarreau Henri
Gondinet Michel
Joussen Gustave
Joussen Paul
Laguionie Alfred
Lajoux André
Lemoyne Joseph
Limousin Henri
Magrangeas Etienne
Mas-de-Faix André
Piotrowski Fernand
Prévost Camille
Roudaud René
Roudaud Zacharie
Roux Marcel
Vielcazat Georges

ENSEIGNEMENT SPÉCIAL.

Albin Emile
Beylier Michel
Boudaud Charles
Chatard Joseph
Dufour Léon
Francheterre Jean
Frangne Paul
Jarry Louis

Variations de l'effectif. de 1860 à 1911.

1860   1865   1870   1875   1880   1885   1890   1895   1900   1905   1911

Nombre des Élèves

120
110
100
90
80
70
60
50
40
30
20
10

Effectif total :   Pensionnaires :

Labeunie Eugène
Martinal Henri
Maury Martial
Mazard Gustave
Pommier Emile

Reynaud Gaston
Robert André
Roux Dominique
Tallet Jean
Treich Louis

Classes préparatoires.

Boutaud-Lacombe Ant.
Bragard Georges
Crouzillard Gabriel
Féral Joseph
Gondinet Gaspard
Gondinet Luc
Grivory Fernand
Lagorce Henri
Maille Charles
Mazard Zacharie

Mazeaud Gabriel
Mazeaud Germeuil
Ouzeaud Jules
Peyronnet André
Redon Henri
Roche Jean
Rogerie Gilbert
Simon Gustave
Toureau Henri

De 1871 à 1880.

Enseignement Classique.

Bayle Marc
Blusson Gabriel
Borie Jean
Brun Jules
B.-Lacombe Antoine

B.-Lacombe François
Chabrier Camille
Crouzillard Henri
Daudy Marc
Ducros Emile

Dufour François
Féral Joseph
Gondinet François
Jardel Maurice
Lacoste Paul

Maurelet Barthélemy
Mazeaud Gabriel
Mazeaud Sylvain
Reynier Alfred
Roux Raymond

Enseignement Spécial.

Bonnefond Eugène
Boudeau Charles
Boulègne Eugène
Chabrier Paul
Condaminas François
Gauthier François

Mazard Gustave
Mazard Zacharie
Michelet Gabriel
Montastier André
Roux Dominique

Classes Préparatoires.

Archer Jules
Boudeau Henri
Condaminas Elie

Lazérat Edouard
Noyer Gaston
Vignard Emile

De 1881 à 1890.

Enseignement Classique.

Barry Martial
Denuelle Camille
Cousinou Jean

Deville Julien
Faure Louis
Hourticq René

Enseignement Spécial.

Attané Raymond
Audevard Aimé
Balabaud Gabriel
Bardet Gustave
Bonnet Emile
Champarnaud Léon
Conchard Emile
Dubois Achille
Dubois René

Hourticq Louis
Lacorre Léon
Matrat Eugène
Pagnon François
Pécout Pierre
Reix Henri
Risus Jean
Roche Léon
Vignard Emile

Classes Préparatoires.

Andrieux Antoine
Duvert Jean
Germain Henri
Grivory Pierre

Magrangeas René
Pauzat Paul
Ruhaud Eugène
Verry André

De 1891 à 1900.

Enseignement Classique.

Barbié Antoine
Barbié Léon
Barbié Louis
Blanc Marcel
Cœuille Baptiste
Dabriat Marc
Dubois Julien
Dubos Armand
Escure Jean

Espiau Raoul
Garrigues Emmanuel
Gay-Bonnet Charles
Massot Charles
Meyer Henri
Meyer Maurice
Thierry Henri
Valéry René

Enseignement Spécial ou Moderne.

Adam J.-B.
Attané Raymond
Audebert Marcel
Audevard Paul
Bancaud Gustave
Bancaud Sylvain
Bégot Jean
Bragard Henri
Chabrelit Jean
Château-Fournier Arsène
Cloup François
Dugot Gustave
Dupuy Henri
Frange Emile
Germain Louis
Gibeaud Gabriel
Jouhaud Louis
Lagorce Alfred
Lagrange Gaston
Miginiac Ernest
Nouhaud Emile
Piquet Léon
Rebeyrol Henri
Sanson Eugène
Vergnaud Paul

Classes Préparatoires.

Bout Léon
Charmes André
Espiau Marius
Faure Henri
Fraissange Albert
Gaudin René
Germain Paul
Lafontaine Henri
Magrangeas Auguste
Mazabraud Louis
Piquet Théophile
Sérézal Emile

De 1901 à 1911.

Enseignement secondaire avec Latin.

Abria Pierre
Bayrou Jean
Boucheron Fernand
Bousquet Roger

Bouteil Robert
Chabrier Georges
Gorse Jules
Joubert Fernand
De Laborderie Marcel
Lamaud Marcel
Lamonthézie Henri

Martin Martial
Pastier Georges
Pomiès Jean
Sarrazy Marcel
Sicre Armand
Sicre Pierre

Enseignement secondaire sans Latin et Cours Spéciaux.

Arphé Paul
Auroux Jean
De Biras Jean
Bonnefond Paul
Bonnet Louis
  (de Bussière-Galant)
Charbonnet Jean
  (de Brantôme)
Coudert Marcel
Crouzillard Léon
Cuq Louis
Duboureau René
Foursaud Jean
Frange Albert

Gadonneix René
Girodolle Louis
Joubert René
Labroue Roger
Legrand Léo
Magnaud Louis
Magne Louis
Magnonaud Frantz
Mouville Pierre
Mortier Jacques
Palancade Georges
Piquet Jean
Raymond Fernand
Veyrier Léon

Classes Préparatoires.

Batsalle Jean
Bonnet Louis
  (de St-Yrieix)

Charbonnet Jean
  de Limoges)
Chardoillet Jean

Constant Pierre
Devaux Albert
Hivert Raymond
De Laborderie Maurice
Lascaux Roger
Lemoyne Henri

Leymarie Emmanuel
Rives André
Roche Marcel
Roumilhac Georges
Téreygeol Charles
Téreygeol Maxence

TABLE DES MATIÈRES

TABLE DES MATIÈRES

Pages

PREMIÈRE PARTIE

CHAPITRE I

Avant le Collège (de 1739 à 1818)

CHAPITRE II

Avant le Collège (suite) (de 1816 à 1860)

DEUXIÈME PARTIE

CHAPITRE III

Le Collège communal (de 1860 à 1880)

CHAPITRE IV

Le Collège communal (suite) (de 1880 à 1890)

CHAPITRE V

Le Collège communal (suite) (de 1890 à 1911)

APPENDICE

TABLE DES GRAVURES

Limoges. — Imp. Ducourtieux et Gout, rue des Arènes, 7.

9 782013 675093